LÉGENDES

ET

TRADITIONS POPULAIRES

DE LA SAVOIE

LÉGENDES

ET

TRADITIONS POPULAIRES

DE LA SAVOIE

PAR

ANTONY DESSAIX

ANNECY

AIMÉ PERRISSIN ET Cie

Imprimeurs-éditeurs.

1875

PRÉFACE

—

Avez-vous observé, lecteurs de bonne foi, que nos paysans, quand ils vous parlent de leur vache ou de leur porc, accompagnent d'ordinaire leur récit trop circonstancié de ces mots : *Sur votre respect ?*

Les plus malins donnent même un certain développement à cette phrase interjectionnelle, et ils vous débitent tout d'une haleine cette oraison jaculatoire : *Sur le respect que je vous dois.*

Ces phrases, dont le sens échappe à quelques-uns, ne sont pas autre chose que la corruption de celles-ci : *Sauf votre respect, sauf le respect que je vous dois.*

Il était de bon ton jadis, quand une personne

éternuait, de lui dire : *Dieu vous bénisse*, ou *A vos souhaits*. Cet usage, dont on fait remonter l'origine jusqu'à la peste noire, est tombé en discrédit. Comme les vertugadins et les crinolines, il a passé de mode.

Mais, pour avoir passé de mode ici, il s'est relégué ailleurs. Il partage l'exil de *sauf votre respect*, et ne se trouve guère qu'au fond des vallées qui ne reçoivent le *Courrier de la Mode* qu'en dernière main.

Mais c'est là aussi que l'on rencontre ces traditions court-vêtues, ces légendes par trop pittoresques, ces historiettes légèrement décolletées, qui ne sauraient se présenter décemment sans être accompagnées d'un *sauf votre respect* suffisamment justifié.

Quand des plantes sont acclimatées dans une certaine région, quand elles ont l'habitude de végéter ensemble sur la même roche, il est probable que les fleurs de ces végétaux sont de nature à vivre entre elles en parfaite harmonie.

Les expressions *sauf votre respect* et nos légendes sont acclimatées depuis longtemps au sol de la vieille Savoie. Qu'on ne s'étonne donc pas de nous en voir cueillir une gerbe tout entière.

Ou plutôt faisons-en des bouquets, le bouquet a sa place sur la cheminée du salon, et la gerbe n'a la sienne qu'à la grange.

Notre bouquet sera un beau désordre, mais nous mettrons autour un petit papier découpé à l'emporte-pièce. Ce papier enveloppera les pédoncules insoumis et les contiendra dans le devoir.

Sur ce papier, il est écrit : *Sauf votre respect.*

Après ces préliminaires, lecteurs, je me mets en campagne. Je vais faire ma cueillette à droite et à gauche, et je vous apporterai mes bouquets de légendes suivant l'ordre dans lequel elles tomberont sous ma main.

LA FONTAINE DE L'ARCLUSAZ

Dans un endroit désert de la Combe, où existait le prieuré des bénédictins de Bellevaux, on voit un petit oratoire. Tous les passants s'agenouillent devant la sainte madone qui orne ce modeste sanctuaire ; puis, leur oraison dite, ils vont boire dans le creux de la main une gorgée à la fontaine voisine et reprennent leur chemin.

Une légende locale veut que la sainte Vierge ait fait naître cette fontaine au moment où un religieux de Bellevaux était sur le point de succomber à la soif qui le dévorait, et qu'en reconnaissance, ce religieux ait fait élever cet oratoire sur les bords mêmes de la source miraculeuse.

Ici la légende n'a pas le pittoresque de l'histoire. Osons une excursion dans le jardin du voisin.

En 1078, Anthelme de Miolans, seigneur de Montmayeur, fit bâtir quelques cabanes pour l'usage des bergers de ses troupeaux., ainsi qu'une chapelle dans la Combe de Bellevaux, sur les terres que le comte de Savoie lui avait inféodées. Puis il fit don de tout ce qui lui appartenait dans cette contrée : chapelle, terres, pâturages et troupeaux, au monastère de Saint-Pierre-de-Gigny, sous la condition que cette abbaye établirait dans ce lieu un prieuré de bénédictins. Outre la dotation ci-dessus mentionnée, le généreux bienfaiteur fit don au prieuré de Bellevaux de la moitié de la montagne d'Arclusaz, très riche en prés et en forêts. Plus tard, les successeurs d'Anthelme donnèrent l'autre moitié de cette montagne aux Dames bénédictines du Bettonnet.

Bénédictins et bénédictines vivaient d'abord dans une telle harmonie que c'était une bénédiction. Mais cela ne dura pas longtemps, et, sans qu'aucune poule survint, voilà la guerre allumée.

Des deux parts on s'accuse d'empiètements

réciproques de territoire ; on se suppose des intentions bien autrement graves que les faits accomplis ; déjà on se met en garde des deux côtés, et l'on se prend à se chercher querelle à tout propos. Mais une fontaine est une source... à procès plus abondante que nulle autre, et celle dont nous venons de parler étant située entre les deux camps, tous les deux s'en attribuent la propriété exclusive. Les couvents s'envoient le papier timbré de l'époque par le ministère de l'huissier en crédit. Les gens des deux abbayes prennent respectivement le parti de leurs maîtres. Tous les jours des querelles, des rixes et des luttes entres les bergers, et partant, du scandale auquel il s'agissait de mettre ordre.

Grâce à nous ne savons plus quel intermédiaire, une transaction intervint ; la courtoisie l'emporta, et l'abbé céda à l'abbesse l'entière propriété de la fontaine en litige, sous cette condition, — à laquelle nous reconnaissons les bons moines du bon temps, — que les Sœurs du Bettonnet fourniraient à leurs frères de Bellevaux une certaine quantité de ce bon vin de Mont-

mélian qu'elles récoltaient chaque année su
leur territoire. Aux bénédictines l'eau à discré
tion, aux bénédictins le vin à profusion, et tou
le monde fit la paix. Cela se passait en 1301, e
la transaction fut passée au Châtelard à cett
date mémorable.

Plus tard, les Dames du Bettonnet, trop éloi
gnées de leurs possessions d'Arclusaz, les alié
nèrent en faveur d'un habitant du Châtelard
moyennant une quantité considérable de fro
mages et de vacherins.

LE PONT D'AVIGNON

—

Le Pont d'Avignon n'a pas seulement sa chanson, mais encore sa légende.

Il paraît qu'il fut un temps où les architectes étaient d'une épaisse ignorance. C'est à telle enseigne que la construction du pont d'Avignon ne touchait pas à sa fin.

Mais où les mathématiciens les plus consommés perdent leur latin, les Henri Mondeux se tirent d'affaire par sous-jambe. Là où les polytechniciens du temps avaient échoué, un berger de la Maurienne fit un chef-d'œuvre.

Or, un pont, qu'il soit d'Avignon ou de Rumilly, ne peut se faire que sur place. Il fallut donc que le berger consentît à quitter sa montagne et son troupeau. Une semblable détermination ne se prend pas si facilement qu'on semble le croire par ce temps où la vie nomade paraît reprendre faveur, et l'intervention supérieure est de mise en Maurienne comme à Domrémy. C'est sur une invitation formelle que Jeanne d'Arc a quitté sa quenouille, et le berger de la Maurienne ne s'est pas expatrié sans exiger les mêmes formalités.

Ce berger était baptisé sous le nom de Benoît ; mais l'exiguité de sa taille l'avait fait surnommer Bénezet, c'est-à-dire le petit Benoît. Un jour que Bénezet faisait paître son troupeau sur les hauteurs du village d'Hermillon, il entendit une voix surnaturelle qui l'appela par trois fois. Il prêta l'oreille et reconnut la voix de **Jésus**-Christ. Un dialogue s'établit entre Notre-Seigneur et le berger, mais la tradition n'en a pas gardé le texte fidèle. Tout ce qu'on sait pertinemment, c'est que le Seigneur ordonna à Bénezet de suppléer à l'ignorance des architectes de la ville d'Avignon et d'aller dans cette ville pour y jeter un pont sur le Rhône. Bénezet obéit, comme on peut bien le croire, et le pont a été fait... où il est.

Pour récompenser Bénezet, qui fut canonisé à bref délai, on éleva une chapelle au milieu du pont, dans laquelle il fut enseveli. Plus tard, la chapelle menaçant ruine, les saintes reliques furent transférées à Avignon, dans l'église de l'Hôpital, où elles se trouvent encore et où elles sont exposées à la piété publique.

Et dire que la Savoie fournit des architectes pour faire des ponts sur le Rhône et que s s voies ferrées qui parcourent la Maurienne n'ont pas encore su se défendre contre l'invasion des torrents de la contrée ! Il paraît qu'il en est des architectes comme des prophètes : on ne l'est pas dans son pays.

SAINT CONCORS

—

Un prélat irlandais vint mourir dans le prieuré de Lémenc; c'était à la fin du XIIe siècle. Chambéry est une localité où les prélats étrangers viennent volontiers mourir. Mgr Godelle, évêque dans quelque contrée soumise au joug des infidèles, arrivait à Chambéry il y a une dizaine d'années, et il y est décédé en odeur de sainteté.

Le prélat irlandais se nommait Cornelius Conchoard. Il fut inhumé dans l'église de Lémenc, aujourd'hui église paroissiale, et il y est vénéré sous le nom de saint Concors.

Mais il n'est pas de chose sainte qui n'ait été profanée. Si ce n'est pas le blasphème qui s'attache aux reliques des saints, c'est au moins la plaisanterie. Nous citerons celle dont saint

Concors est l'objet, pour la signaler à l'exécration publique.

Du nom de saint *Conchoard*, on a fait saint *Concors ;* de saint *Concors*, on a fait saint *qu'on sort*. L'esprit du mal n'est pas difficile sur les moyens de porter atteinte aux pieuses croyances ; une cédille suffit à ses intentions. Il n'est pas besoin d'expliquer l'origine de cette irrévérencieuse appellation, car tout le monde sait que, lorsque la pluie ou la sécheresse persistent trop longtemps et excèdent les vœux de la population agricole, *on sort* la châsse de saint Concors, on la promène processionnellement autour du sanctuaire en le priant d'intercéder auprès de Dieu, pour qu'il fasse cesser un ordre de choses désastreux, et il est rare que cette cérémonie ne soit pas suivie de l'avénement de la température désirée.

LA SAINTE ÉPINE

—

Si jamais nom de montagne a été souvent
prononcé dans le département de la Savoie, depuis tantôt vingt ans, c'est celui de la montagne
de l'Epine. Il ne saurait être question de chemin de fer sans qu'on parle d'elle, et vous verrez rarement un candidat à la députation ou au
conseil général afficher sur les murs les promesses qu'il fait à ses électeurs sans que le
percement de l'Epine ne s'y rencontre quelque
part. Le fait est que, percer l'Epine, ce serait
diminuer considérablement la distance qui nous
sépare de Lyon, et un voyage en chemin de fer
paraît si long, que c'est une bonne affaire d'a-
bréger le parcours de vingt ou trente kilomètres.

La montagne de l'Epine fait tout naturelle-

ment suite au Mont-du-Chat. On a attribué à la
dénomination du Mont-du-Chat un grand nombre d'origines bien différentes les unes des
autres. L'imagination des étymologistes s'est
donné libre carrière, et, récemment, l'auteur
de la monographie du château de Bordeaux
M. Mailland, publiait toutes les opinions émises
à cet égard qu'il a pu recueillir. De toutes les
étymologies qu'il nous a présentées, aucune ne
nous a paru satisfaisante. Elles sont plus ou moins
ingénieuses, mais elles ne sauraient satisfaire
pleinement l'esprit du lecteur.

Pour nous, nous n'accordons aucun crédit à
l'histoire du chat sauvage qui ravageait cette
montagne; nous n'en donnons pas davantage à
la déviation du mot *chien* en *chat*, et nous ou-
vrons notre avis particulier.

Le mot *cha* est un radical qu'on trouve dans
le mot *chalet*, maison en bois, dans le mot *châ-
ble*, chemin pour l'exploitation des bois. Il nous
semble que le sens de bois s'attache à tous les
mots qui contiennent le radical *cha*. Nous en
concluons que *cha* veut dire bois, et que le

Mont-du-Chat était un mont très boisé. Il n'y aurait là rien d'extraordinaire, puisqu'il l'est encore.

Mais nous nous éloignons de l'Epine, revenons-y. On ignore assez généralement d'où cette dénomination est venue à cette montagne, et nous croyons à propos de la rappeler.

Guillaume de Montbel avait pris une telle part à l'expédition des Croisades, que saint Louis, pour le récompenser, lui fit présent d'une épine de la sainte couronne de Notre-Seigneur. Cette précieuse relique fut déposée dans la chapelle du château, et devint le but d'un pèlerinage si fréquenté qu'elle donna son nom de l'Epine, non seulement au château et au chemin qui y conduisait, mais encore à la montagne que les pèlerins étaient obligés de traverser.

Maintenant que le pèlerinage de l'Epine a perdu sa vogue, rien n'empêche que la vapeur vienne en obstruer les chemins.

LE PONT DU DIABLE

—

Un pont très pittoresque relie la Savoie au Dauphiné. A quelque distance du château de Bayard, un pont, comme lui, sans peur et sans reproche, attire l'attention des voyageurs, surtout s'ils sont artistes. Il est, en effet, fort beau de ligne et d'une coupe aussi hardie qu'élégante. Ce pont porte le nom de *Pont-du-Diable*, et vioci le motif de cette dénomination.

Une légende rapporte que l'ancien pont, dont celui-ci a pris la place, fut terminé en une nuit. Ce n'est pas Benézet qui eût mené les choses si rapidement; c'était le Diable. En effet, celui-ci est ainsi fait, que son bonheur est d'entreprendre les mêmes opérations que les saints ; la contrefaçon est sa manie, et l'imitation est tout son art. Quand Benézet eut construit le pont d'Avignon, Satan se vanta auprès de saint Hugon d'en faire autant que le saint, et bien plus promptement. Saint Hugon, qui était homme à la faire au diable lui-même, accepta le défi. Le diable demanda vingt-quatre heures pour faire son pont, et, pour prix de son travail, l'âme de la première personne qui passerait dessus. Marché conclu, le diable se met à l'œuvre, l'achève en temps convenu, et vient réclamer son salaire. — Attends-moi, lui dit le saint, à l'autre extrémité du pont, et tu me verras venir avec la personne dont l'âme deviendra ta juste récompense. — Le diable fit comme il est dit, le saint se met en route avec un âne, et celui-ci, marchant devant, fut la première personne qui traversa le pont. L'âne aussitôt entra en possession du diable, et par conséquent dans des transports de possédé, au milieu desquels il se précipita, du haut du pont, dans les eaux du torrent.

NOTRE-DAME DU CHARMAIX

—

Le pèlerinage de Notre-Dame du Charmaix est loin d'être négligé par les fidèles, et l'eût-il été depuis quelques années, que la foi nouvelle, qui s'attache au pieux sanctuaire, et le mouvement qui s'opère dans le monde chrétien en faveur de ces consolantes manifestations des saintes croyances, auraient suffi à tirer de l'oubli ce lieu saint, en faveur duquel la Vierge a montré une préférence trop flatteuse pour qu'il n'en soit pas tenu compte à jamais.

On sait que la sainte Vierge choisit à son gré les lieux où elle daigne apparaître, à plus forte raison choisit-elle les emplacements qu'elle désire voir consacrer à son culte. Et quand elle a choisi la place qui lui convient, elle n'aime pas qu'on l'en dérange.

Un pèlerin, revenant de la Terre-Sainte et traversant le col de la Roux, situé près de ce mont Thabor qu'on vient de perforer sous le nom de Mont-Cenis, se trouve surpris par une avalanche. Il invoque aussitôt la Vierge, et l'avalanche passe et s'écoule sans l'atteindre.

Il fonda, en actions de grâces, une chapelle sur le lieu même où il avait adressé à la Vierge la prière qui avait été si miraculeusement exaucée.

Mais cette chapelle était constamment menacée par un ruisseau, de ceux qui exercent de temps à autre de si grands ravages sur la voie ferrée qui parcourt la vallée, et elle risquait d'être renversée et engloutie un jour dans des eaux boueuses et irrésistibles. Les fidèles crurent à propos de transporter la chapelle ailleurs, sur un emplacement plus sûr et moins sujet aux inondations. Quand la nouvelle chapelle fut construite, on démolit l'ancienne. Mais, ô surprise ! le lendemain, l'ancienne chapelle reparut plus belle que jamais, et de la nouvelle, il ne restait pas trace. Il fallut bien reconnaître que la sainte Vierge se trouvait bien au bord de ces torrents si redoutables, par le fait sans doute qu'elle a de qui tenir pour mettre un frein au couroux des flots.

LE SAINT-CHRÊME DE SAINT HUGON

—

A une petite distance du village d'Arvillars, se trouvent les ruines de l'abbaye de Saint-Hugon, dont notre regretté compatriote Amédée Burnier a retracé l'intéressante histoire. Nous compléterons son œuvre en relatant la légende qui se rattache à la fondation de ce célèbre monastère.

Disons, en passant, que la baronie d'Arvillars, à l'extinction de la lignée du bâtard Humbert de Savoie, fut inféodée à Hector Milliet, premier président du Sénat de Savoie, et qui fut ambassadeur auprès de Henri IV. A la fin du xviie siècle, son fils Sébastien, maréchal des camps et armées du duc de Savoie, fit ériger cette terre en marquisat.

D'Arvillars, un chemin rapide, passant à travers les plus plantureuses végétations, longe un torrent qui bondit de cascades en cascades, et le bruit de ces chutes successives retentit au loin dans la profondeur du vallon où les chartreux avaient établi une de leurs nombreuses retraites. Pénétrons dans ce vallon, qui ne ressemble plus au chemin qui y conduit. Ici, c'est un désert. Impraticable, sauvage, désolé. Ce lieu méritait d'attirer l'attention des hommes que la foi et l'abnégation portent à s'éloigner du monde pour se livrer à la vie contemplative. Aussi, en l'an 1170, à la suite d'une vision merveilleuse qui indiquait la volonté de Dieu, plusieurs seigneurs, tant de la Savoie que du Dauphiné, déférant aux exhortations de Béatrix, comtesse de Genevois, unirent-ils leurs efforts pour attirer en ces lieux les disciples de saint Bruno, le glorieux fondateur de l'ordre des Chartreux. Saint Hugon, évêque de Grenoble, et ami de saint Bruno, obtint cette faveur, et la vallée qui s'appelait le Val de Bains prit le nom de Val de Saint-Hugon, pour honorer le saint évêque.

Les religieux, sous la conduite du prieur Nantelme, se mettent à cette œuvre de civilisation pour laquelle les temps modernes n'ont pas montré toute la reconnaissance qu'elle méritait. Ils défrichent la forêt, bâtissent le monastère, ensemencent les terres et donnent l'exemple du travail et de toutes les vertus. Mais un incendie se déclare dans le monastère à peine construit, et les détermine à le reconstruire sur un autre emplacement, à quelque distance de là. Nouvel incendie qui les oblige encore à de nouvelles constructions. Enfin, la construction s'achève, et le jour de la dédicace de l'église est fixé. Cette cérémonie fut signalée par un miracle éclatant. Le Saint-Chrême, apporté du ciel par une main invisible, coula sur l'autel, et l'onction divine consacra le temple de la nouvelle Chartreuse.

Le fameux 93 a failli passer sans toucher aux biens que les Chartreux possédaient en Savoie. Les Domaines s'étaient emparés de ceux qu'ils possédaient en France ; mais les paysans des environs se chargèrent de rétablir l'équilibre, et la Chartreuse de Saint-Hugon fut pillée et dévastée, de telle sorte qu'elle ne s'est point relevée de ses ruines.

LE VŒU DU NOTAIRE TRUCHET

—

Aucune des nombreuses étymologies données de la dénomination du château et de la vallée de l'Huille ne nous a paru concluante. Qu'importe? Il n'en existe pas moins une vallée qui porte ce nom bizarre, et le souvenir d'un château qui acquit une certaine célébrité sous ce nom-là. La commune de la Table est la plus considérable de ce vallon ; elle est assise sur le méplat d'une montagne à pic qui en occupe le centre. C'est au sommet de cette montagne, qui présente la forme d'une pyramide, que s'élevait le château de l'Huille, édifié par les comtes de Savoie, en vue de défendre ce passage important, qui prend à revers la vallée de la Maurienne. Lesdiguières s'en était rendu maître, et Henri IV le prit de nouveau en 1600, date de sa démolition.

Ce château dépendait, au moyen-âge, de la seigneurie de La Chambre. La chronique raconte l'évasion miraculeuse d'un prisonnier qui y était détenu.

En 1496, le notaire Jean-Baptiste Truchet, après avoir été soumis à la question, languissait depuis plus de six mois, chargé de fers, dans un cachot ténébreux. Implorant la protection de saint Jean-Baptiste, son patron, il lui promit un magnifique cierge, si, par l'intercession du bienheureux, il recouvrait sa liberté. Or, voilà que les fers du prisonnier se brisent comme verre, la porte s'ouvre d'elle-même. Le captif, invisible aux yeux des sentinelles, se laisse glisser du donjon et des rochers, à l'aide d'une corde, et le voilà hors de l'enceinte du château. Rendant grâce à Dieu et à saint Jean-Baptiste, il s'empresse d'accomplir son vœu. Il se traîne sur les genoux jusqu'à la ville de Saint-Jean-de-Maurienne, dont la cathédrale est sous le vocable de son patron, et qui se trouve à près d'une lieue de distance, et il vient se prosterner au pied de l'autel. Après avoir entendu la messe et accompli son vœu, il consigne par écrit l'événement miraculeux auquel il devait sa délivrance, et c'est le résumé de son récit que nous venons de reproduire.

LE BŒUF DE SAINT JACQUES

—

On sait que la ville de Moûtiers doit son nom au monastère construit, sur l'emplacement de l'ancienne bourgade de Darentasia, par saint Jacques, l'apôtre des Centrons. Gontran, roi de Bourgogne, guéri miraculeusement d'une maladie terrible par l'efficacité des prières de ce grand saint, avait fait donation au monastère d'une grande étendue du territoire environnant. Le monastère devint considérable et florissant, à tel point qu'une ville s'éleva à sa porte pour donner asile aux pèlerins qui venaient y faire leurs dévotions, ou pour abriter les nombreux industriels que le couvent faisait travailler. Saint Jacques donna les mains à la fondation de cette ville, et même s'employa personnellement au transport des matériaux.

Mais les saints ne sont pas exempts d'ennemis, et le prélat rencontra des obstacles sans nombre au-devant de la réalisation de ses désirs. Ces obstacles étaient suscités par les seigneurs de cette époque, ce qui prouverait bien qu'il n'a pas toujours existé la même harmonie entre la noblesse et le clergé. Les seigneurs allèrent jusqu'à mettre le diable dans leurs intérêts, et s'en firent un puissant allié. Le saint se livrait au travail du transport des matériaux de préférence à tout autre. Il était passé maître dans l'art de conduire les bœufs, et il n'a pas peu concouru à l'amélioration de la race du pays qui vient de prendre rang parmi les races bovines, et un rang distingué, sous le nom de *race tarine*. Le diable, prenant la forme d'un ours, tombait à l'improviste sur l'attelage du saint et s'enfuyait sans prendre le temps de se repaître des dépouilles de sa victime.

La première fois qu'eut lieu cette inqualifiable agression, le saint ne songea pas que l'ours qui en était l'auteur fût le diable en personne. Il se contenta de faire sortir de l'écurie du monastère une nouvelle paire de bœufs, qui ne tarda pas à subir le même sort. Quand l'écurie ne put plus fournir de nouvelles bêtes de somme, le saint comprit qu'il y avait du surnaturel dans cette affaire. Il se mit à surveiller l'ours qui rôdait constamment, en sa qualité de diable, autour des gens, *quœrens quem devoret*, et avec l'adresse que peut inspirer la sainteté, un beau matin, il rencontre l'ours à peine réveillé. Il le prend par l'oreille, et, malgré toutes les résistances de l'animal, il l'amène au pied des murailles et lui ordonne de mettre sur son cou le joug que portaient les nombreuses victimes qu'il avait faites. L'ours obéit, remplaça les bœufs dans leur travail, et fit si bien, qu'on suppose que certains caractères distinctifs de la race tarine ne sont pas étrangers à l'intervention de l'ours de nos montagnes dans les affaires de bergeries.

———

LA DAME BLANCHE DU CHATEAU DE SALINS

—

Chacun sait qu'il existe, depuis les temps les plus reculés, dans un grand nombre de localités, tant en Maurienne qu'en Tarentaise, une pieuse coutume consistant en une distribution périodique de pain, de vin ou même d'autres aliments aux pauvres de la contrée. Cette coutume est encore observée dans quelques communes, et, dans les autres, elle n'a été abolie qu'en 1793. La cérémonie de la distribution de l'aumône dure souvent plus d'un jour, et celle qui se pratiquait à Moûtiers durait pendant le mois de mai tout entier. Aussi s'appelait-elle le *pain de mai.*

L'institution de cette aumône est due à la *Dame Blanche* qui habitait le château de Salins, et qui n'était pas autre qu'une princesse de la Maison de Savoie, dont le véritable nom est resté inconnu. Cette pieuse *Dame Blanche* aperçut un jour des gens que la faim poussait à manger l'herbe des prairies. Sa première pensée fut que c'étaient des animaux et non des créatures faites à l'image de Dieu; mais l'une de ses suivantes lui démontra que c'étaient bien des êtres humains, des malheureux tourmentés par la faim. Cette suivante ajouta que l'extrême détresse qui amenait un aussi triste spectacle se faisait sentir plus particulièrement au mois de mai, par ce motif que les provisions de la récolte précédente se trouvaient alors épuisées. Vivement touchée d'une si profonde misère, la *Dame Blanche* forma le projet de soulager d'une manière durable des besoins si pressants. Donc, s'étant concertée avec Pierre II, qui occupait le siége épiscopal de Tarentaise, elle consacra une somme considérable, une grande partie de sa fortune, à fonder la célèbre aumône du *pain de mai*. Une des dernières œuvres du peintre Guille représente cette cérémonie, et c'est un des meilleurs travaux de notre regretté compatriote. Ce tableau se trouve dans l'église de Moûtiers.

LES SERPENTS DE NOTRE-DAME DE BRIANÇON

—

Les seigneurs de Briançon se sont fait une telle renommée dans l'histoire, qu'il est des étymologistes de bon sens et de bonne foi capables d'émettre l'idée que l'expression de *brigand* dérive tout naturellement du nom de *Castrum Brigantium*, donné au château de ces nobles dévaliseurs de grands chemins. Ce château passa aux mains des Montmayeur, qui ne valaient guère mieux, et finit par arriver au duc de Savoie, qui utilisa la forte position qu'il occupait à la défense de l'Etat. Il n'en fut pas moins canonné par Catinat, qui le ruina complètement.

On parvient au château de Briançon par des chemins qui seraient assez peu praticables si l'administration départementale n'y avait donné tous ses soins depuis plusieurs années. Néanmoins, l'endroit paraît désolé. L'Isère, dont les eaux sont grises et le lit hérissé de rochers nus, ajoute à la tristesse de la contrée, et l'antiquité du pont romain qui enjambe l'Isère pour aboutir au pied du château, n'est pas de nature à égayer le paysage. Vis-à-vis de l'escalier du château se trouve la chapelle de Notre-Dame de Briançon.

Cette chapelle, plusieurs fois détruite et rebâtie, mais nouvellement restaurée, remonte à une haute antiquité. Les serpents infestaient la vallée ; les habitants qui, on le comprend, désiraient vivement voir disparaître ces hôtes incommodes et dangereux, ont recours à un religieux qui jouissait d'une grande réputation de sainteté dans la contrée. Le saint personnage se met en oraison ; puis, après avoir prié avec ferveur, il se lève et ordonne aux reptiles de comparaître. Les serpents obéissent. Quand il les voit réunis, le pieux abbé prend un bâton, avec lequel il trace le chemin qu'il leur prescrit de suivre. Ce chemin conduisait à une solitude lointaine où se trouvait une caverne. Les serpents entrent dans ce repaire, d'où ils ne sortirent plus. C'est en commémoration de ce miracle que fut fondée la chapelle de Notre-Dame de Briançon.

LE CHÊNE DE GILLY

—

On rencontre fréquemment en Savoie des traces profondes de la religion des Druides, qu'on pourrait aussi appeler la religion de nos pères. Chacun sait que le chêne jouait un rôle important dans les cérémonies religieuses de nos aïeux. Or, l'on retrouve encore des chênes qui sont l'objet d'un véritable culte. Il en existait un naguère à Gilly qui était entouré de prestige. Autour du tronc de ce chêne plusieurs fois séculaire, se trouvaient plusieurs blocs de granit formant comme une sorte de cromlech, où les Druides célébraient les mystères de leur religion. Tel était le respect superstitieux qui entourait cet arbre, que son propriétaire ne pouvait trouver aucun ouvrier qui voulût consentir à l'ébrancher. Il était obligé de saisir au passage quelque indigent, étranger au pays, qui s'acquittât de cet office. C'est que la tradition rendait cette opération redoutable. Elle disait que, de chaque ramure tombant sous la cognée, jaillissait du sang sur l'audacieux qui osait porter la main sur l'arbre druidique. Dernièrement, le chêne de Gilly a été abattu ; encore une tradition qui va disparaître avec l'objet auquel elle était attachée !

Pour accomplir cette œuvre, qui a quelques rapports avec le sacrilége, le propriétaire du chêne sacré employa la main d'un sourd-muet qui traversait la contrée en demandant l'aumône. Son oreille ne lui révélait pas les mystères du passé, dont la connaissance aurait paralysé son bras, et sa bouche ne confessera jamais le crime dont sa cognée s'est rendue coupable.

LE POMPIER DE VILLARLURIN

—

Villarlurin est un gracieux village dont les habitations sont groupées en rang serré autour d'une église presque neuve, et dont le clocher est plus jeune encore, en admettant qu'il soit terminé. Une des chapelles de l'église est consacrée à Notre-Dame-de-Compassion. Cette chapelle est célèbre dans toute la contrée environnante. La tradition affirme, en effet, que, lors d'un incendie qui menaçait de détruire tout le village, parce que l'eau faisait défaut, un bon vieillard, pénétré de cette foi antique dont les temps modernes fournissent si peu d'exemples, foi sincère et partant efficace, se prosterna devant l'autel vénéré. Bientôt survint une pluie abondante ; un ruisseau se forme, et, grâce à l'eau qu'on y puisait, on réussit à maîtriser le feu. Ce fait est attesté par un *ex-voto* qu'on peut voir dans la chapelle, et qui rappelle ce fait merveilleux arrivé en 1630.

———

LA BIBLE DE JEAN FAUST

—

Faust est un de ces industriels que les uns ne sauraient trop bénir, et que d'autres poursuivront de leurs éternelles malédictions. Il a concouru pour une bonne part à l'œuvre à laquelle Guttemberg a encore plus travaillé que lui; c'est un des trois inventeurs de l'imprimerie. Un livre sorti des presses primitives est un objet d'une valeur extraordinaire; mais il n'est pas donné à tout le monde de connaître les caractères distinctifs d'un tel trésor.

A quelque distance de la ville de Moûtiers, s'élève une haute montagne qui contrarie l'Isère dans sa course rapide et force la rivière à décrire un coude prononcé. C'est le mont Gargan; il s'appelle aussi le mont Saint-Michel, ou le mont des Cordeliers. Au pied de cette montagne, sur une terrasse naturelle, mais agrandie par le travail de l'homme, existait un modeste prieuré sous le vocable de saint Michel. Après beaucoup de vicissitudes, ce prieuré fut transformé en un couvent de Cordeliers de la régulière observance.

Après un grand nombre d'années passées dans la pratique stricte de la règle, les Cordeliers, las de s'occuper uniquement de leurs exercices religieux, se relâchèrent peu à peu et finirent bientôt par mettre de côté la discipline des temps primitifs. Leur conduite devint si scandaleuse que le souvenir en est resté comme une flétrissure. Des vieillards, qui le tiennent de leurs aïeux, racontent que les Cordeliers désertaient leur couvent pour se rendre à Moûtiers, où ils se prélassaient sur les places et les promenades publiques. Ils disent encore que ces moines n'avaient pas honte du rôle de parasites qu'ils remplissaient chez les riches bourgeois amis de la bonne chère. Que ne nous diraient-ils pas, s'il ne nous répugnait d'en trop apprendre sur le compte de ces moines dégénérés ?

A l'époque où la règle était observée dans toute sa rigueur, les Cordeliers avaient formé une riche bibliothèque, composée d'ouvrages utiles, et contenant des livres rares et précieux. Plus tard, quand la ferveur primitive eut fait place au relâchement et à l'oisiveté, ils regardèrent cette bibliothèque comme un hors-d'œuvre et ne se préoccupèrent bientôt plus que de la cave. Alors un prêtre, bibliophile distingué, homme érudit dont le nom n'est pas oublié, M. l'abbé Vittoz, fit un voyage à Saint-Michel ; c'était vers le milieu du siècle dernier. Il n'eut pas de peine à acheter, pour quelque argent, un ensemble de volumes qu'il choisit à son gré, et parmi lesquels se trouvait une bible imprimée par Jean Faust et portant le millésime de 1462. Ce livre, que l'abbé Vittoz paya quatre louis, fut vendu 400 francs à un libraire de Paris, qui le céda, moyennant 10,000 francs, à la bibliothèque royale, où il est encore, à moins que la Commune...

LE CHATEAU DE MELPHES

—

Le nom de Melphes joue un certain rôle dans la presse militante de Chambéry sous le septennat de Mac-Mahon. Ce mot nous fait penser, par sa consonnance, au temple de Delphes, où l'on apprenait que le premier pas à faire pour arriver à la sagesse était de se connaître soi-même. Sans faire un grand effort d'intelligence, nous avons reconnu bientôt que ce nom de Melphes était un pseudonyme qu'il ne nous appartient pas de dévoiler, mais qui n'en a pas moins piqué au vif notre curiosité. Nous nous sommes demandé comment l'on avait procédé pour arriver à adopter ce pseudonyme, et nous nous sommes répondu que ce mot doit être attaché à quelque terre, rocher, verger ou jardin, et que le propriétaire en avait fait, sans autre, un nom de fief qui pourrait bien remplacer le sien, sans cesser toutefois de rappeler ce dernier qu'on ne tient pas à laisser dans une ombre trop profonde. Dès lors, nous nous sommes mis en campagne à la poursuite des origines des de Melphes, et voici le résultat de nos investigations.

Le petit village de Salins, qu'on croit fondé sur l'emplacement de l'ancienne Darentasia, quoi que puisse prétendre à cet égard la ville de Moûtiers, Salins est renommé par les sources salées qu'il possède, et l'exploitation de cette richesse avait attiré dans ce lieu une grande quantité d'habitants des montagnes voisines. Ce fut comme une Californie à certain jour. Ces sources sortent d'un rocher qui domine le village, sur ce rocher s'élève un château, château et rocher portent le nom de Melphes.

Le village fut la victime de plusieurs catastrophes successives. Les princes de Savoie auraient forfait aux traditions de famille en négligeant de protéger une localité qui, pour leur pays, était et est encore une propriété précieuse. Mais Salins n'avait pas assez souffert du feu et des inondations, il lui fallut encore subir un effroyable éboulement. Cette fois, le village est détruit de fond en comble, et, ce qui est plus malheureux encore, l'éboulement dérangea les sources. Il fallut se livrer à des travaux considérables pour les retrouver, et des éboulements incessants opposaient les plus grands obstacles à ces travaux. A l'époque de ce dernier désastre, arrivé en 1764, les habitants s'étaient réfugiés sur le rocher de Melphes, à l'ombre du château du même nom.

Quels ont été les fondateurs du château de Melphes? Les Ceutrons, les Romains ou le. évêques de Tarentaise? La plus grande incertitude règne encore à ce sujet. Quoi qu'il en soit, habité par les princes de Savoie, il devint, dès la fin du xie siècle, le chef-lieu des domaines qu'ils avaient acquis dans la Tarentaise. On sait qu'il fut démantelé et dévasté par Lesdiguières.

Ce château, après avoir reçu un certain éclat

du séjour des princes de Savoie, fut inféodé à une famille noble dont les membres prirent le titre de comte de Salins. Plus tard, les Mermet succédèrent à cette famille dans la possession de ce fief, et aux Mermet succédèrent les Duverger.

UN ÉPISODE DE 1814

—

Nous n'entreprendrons pas la description de la route étrangement pittoresque qu'on appelle la route des Echelles. Il nous suffira d'indiquer que c'est à quelque distance du bourg de ce nom que s'est passé, en 1814, un épisode militaire qui nous paraît mériter autant d'intérêt qu'une légende.

Les gardes nationaux des Echelles, soutenus par ceux de Voiron et par quelques soldats d'infanterie de ligne, avaient barricadé l'entrée de l'ancienne route et l'ouverture de la galerie. De ce point, ils contenaient les Austro-Sardes. Ceux-ci, pour déloger nos braves, recoururent à un moyen que, dans une circonstance analogue, Hugues de la Palu avait mis en usage contre les hérétiques Vaudois du Piémont, et que plus tard, celui qui devait être le maréchal Pélissier, employa en Afrique contre les Arabes. Ils entassèrent sur la montagne une grande quantité de fagots auxquels ils mirent le feu et qu'ils jetèrent devant l'ouverture inférieure de la galerie. Poussée par le vent, une épaisse fumée s'y engouffra, et nos gens en auraient été étouffés comme des renards dans leur terrier, s'ils n'avaient pas abandonné la position. Mais, se précipitant sur les lanceurs de brandons, nos braves les débusquent et reprennent leur poste, d'où, après quelques heures de repos, ils reprirent le chemin qui devait les conduire à d'autres combats.

PIEUSE FREDAINE DE DOM GABET

—

L'abbaye de Tamié a trouvé son historien ; elle n'en prête pas moins le flanc à la légende. Or, nous l'avons dit déjà, les épisodes de la Révolution française ont grossi considérablement le contingent des récits pittoresques que le moyen-âge nous a transmis. Ces épisodes ont pris dans l'esprit public toutes les couleurs de la légende, et c'est à ce titre que nous en enregistrerons quelques·uns.

Il n'entre pas dans notre cadre de donner un résumé de l'histoire des établissements religieux ou des châteaux auxquels s'attachent les traditions que nous avons pris la charge de consigner. Si la légende coudoie l'histoire, ce n'est pas une raison à celle-ci d'usurper la place de celle-là. Qu'on n'attende donc pas de nous, dont l'unique intention est de soulever pour un instant les voiles mystérieux qui enveloppent cet asile de la piété ou de la misanthropie qu'on appelle l'abbaye de Tamié, qu'on n'attende pas de nous l'histoire, pas même le résumé historique de ce célèbre monastère. Nous n'avons point la prétention de nous élever si haut, et nous bornons nos vues à une petite anecdote que nous trouvons dans les pages humoristiques du Walter Scott de la Savoie ; nous avons nommé Jacques Replat.

En 1792, l'Assemblée nationale des Allobroges rendit un décret qui supprimait en Savoie les communautés religieuses ; elle nomma, en conséquence, trois commissaires aux personnes de Brochet, Comte et Exertier, pour dresser l'inventaire de l'abbaye de Tamié. Voici comment s'y prirent l'abbé et ses religieux pour soustraire les richesses du couvent aux regards des délégués de l'Assemblée nationale.

Commissaires, empanachés et tricolores, arrivent de Chambéry. Ils se présentent à la porte de l'abbaye porteurs du décret qui donnait aux novices la clé des champs, et à eux le droit d'exiger celle des coffres-forts. Dom Gabet les reçoit avec la plus grande courtoisie ; on fête leur bien-venue par la bonne chère et le bon vin. La truite saumonée est étalée sur la nappe, on boit sec, les bouteilles du meilleur se vident rapidement. Au dessert, on s'attendrit, on fraternise ; moines et commissaires crient en chœur : Vive la liberté ! vive la nation ! et... le reste. Bref, les moines grisent complètement les commissaires, et, pendant que les uns vont cuver l'ambroisie sur le lit des cellules sur lesquels ils furent transportés par les bons pères, les autres chargent prestement les mulets, descendent le col avec leur trésor, et prennent le chemin du Petit-Saint-Bernard. Leur somme achevé, les commissaires trouvent la maison vide, l'inventaire était tout fait.

Il n'y a dans cette anecdote que deux erreurs : la première, c'est que les personnages qui en ont été les héros ne sont point du tout les commissaires qui y sont nominativement désignés, mais bien des officiers de l'armée de Kellermann qui

traversaient le col avec un détachement de soldats. La seconde, c'est que dom Gabet et ses religieux ne se sont point retirés au Petit-Saint-
Bernard, mais à l'ermitage des Camaldules en
Piémont, d'où dom Gabet fut appelé par le premier Consul, en 1802, pour venir prendre la
direction de l'hospice du Mont-Cenis.

LE VIN DES ALTESSES

—

A l'extrémité septentrionale de la chaîne de l'Epine, se trouve le petit village de Lucey. Il s'étale au bord d'un ruisseau qui dirige sa course bruyante vers le Rhône, dans lequel il va se perdre, et sur les flancs des coteaux de Marétel. La famille du général de Boigne y possède un château voisin de l'église, et dans cette église, une chapelle mortuaire où sont inhumés plusieurs de ses membres.

Les vignes qui couvrent les coteaux ne se distinguent pas par la quantité de leur produit, mais en revanche par leur excellente qualité. Marétel est un nom qui sonne bien à l'oreille des œnophiles, mais celui des Altesses sonne bien mieux encore. Le vin des Altesses, ou d'Altesse, est mousseux et pétillant comme le champagne. Les vignes qui le produisent appartiennent à M. le comte de Boigne ; aussi le véritable, qu'on ne rencontre pas dans le commerce, est-il appelé vin de M. le comte. La famille de Boigne le conserve, soit pour son usage, soit pour l'offrir à titre de cadeau à ses amis.

Cette dénomination de vin des Altesses doit avoir une origine moyen-âge. Ce serait trop simple de le faire venir de ce que les ceps qui produisent ce nectar exquis sont ceux qui occupent le sommet des coteaux. Nous nous rangeons à une opinion généralement admise, mais qui trouve néanmoins quelques contradicteurs. Nous pensons que cette aristocratique dénomination vient de ce qu'un duc de Savoie, alors qualifié d'Altesse et non encore de Majesté, aurait apporté de l'île de Chypre les plans qui composent ces vignoble. Et qu'on dise après cela que la royauté de Chypre n'est qu'un vain nom ; n'est-ce pas être le maître de la maison que d'avoir en main la clé de la cave ?

L'ARRESTATION DE MANDRIN

—

Le souvenir du contrebandier Mandrin, dont les gens mal informés font un voleur de grand chemin, un brigand de grande route, est encore plein de vie sur les frontières tant du Dauphiné que de la Savoie. Résidant tour à tour dans l'une ou dans l'autre, il avait des affidés dans tous les villages de ces deux provinces. Ses excursions n'étaient pas limitées à cet étroit territoire, mais c'est néanmoins dans cette région qu'il opérait le plus souvent. On sait qu'il écumait les caisses publiques, rançonnait les douaniers et donnait la chasse aux agents des gabelles et aux cavaliers de la maréchaussée. Le gouvernement français envoyait à sa poursuite toutes les troupes dont il pouvait disposer, et l'habile contrebandier, mettant à profit les grandes qualités d'énergie morale et physique qu'il possédait, trouvait moyen d'échapper à toutes les embûches qui lui étaient dressées et à toutes les attaques à main armée dont il était l'objet. La maréchaussée était sur les dents. La tête de Mandrin était mise à prix, et il y allait de l'honneur des régiments de s'emparer de sa personne.

En 1756, cent dragons du régiment de la Merlière, en résidence au Pont-de-Beauvoisin, passèrent le Guiers dans la nuit du 10 au 11 mai, sous les ordres du capitaine de Casse. Une des nombreuses maîtresses de Mandrin, poussée par une jalousie que les infidélités quotidiennes de son amant ne sauraient justifier, avait révélé que cet implacable ennemi du fisc était caché dans le château de Rochefort. Les dragons cernent le château ; on pénètre de vive force dans son enceinte, mais Mandrin avait eu le temps de s'échapper. Il s'était réfugié dans la grange du curé du village. Munis de torches enflammées, les soldats entrent dans la grange; ils se disposaient à y mettre le feu, quand ils trouvèrent

Mandrin blotti sous un tas de fagots, avec son lieutenant Roqueyrolle et plusieurs de ses affidés. On le garotta, on le ramena en France ; mais la sympathie qu'avaient inspirée ces contrebandiers aux habitants de la frontière était telle, que lorsque le détachement d'escorte arriva au pont de Saint-Genix, il trouva ce pont barricadé. Les paysans firent tous leurs efforts pour arracher les captifs aux mains des soldats, et ceux-ci furent obligés de faire usage de leurs armes.

Mais, pour s'emparer de ce redoutable contrebandier, on avait violé le territoire sarde. Cette circonstance faillit devenir un *casus belli* entre les deux États. Il y eut échange de notes diplomatiques, puis la Cour de France fit présenter à la Cour de Turin par le duc de Noailles des excuses solennelles accompagnées de l'offre de payer une indemnité convenable et de relâcher les sujets savoyards arrêtés avec Mandrin. L'affaire s'arrangea, la France paya quelque chose comme 35 mille livres pour les dégats commis, soit au château de Rochefort, soit à la grange du curé.

LE SAUT DU TRUISON

—

Ce n'est pas une légende ni une tradition, c'est une coutume, un usage. Or, les coutumes et les usages sont menacés non seulement de disparaître, mais encore de ne laisser aucune trace dans les souvenirs. Nous croyons bien faire que de leur offrir un refuge au milieu de tout ce qui s'en va comme eux.

Le charmant vallon du Truison, entre Saint-Genix et Champagneux, monte verdoyant et bien arrosé jusqu'au col de la Crusille, ouvert entre les rochers de Montbel et le mont Tournier et livrant passage à la nouvelle route de Novalaise, tracée sur un vieux chemin qui avait succédé à une voie romaine. Ce vallon contient de nombreux hameaux présentant tous l'aspect de l'aisance et de l'activité. Sa population masculine paraît vigoureuse, et les femmes qu'on y rencontre paraissent toutes belles, quand même les travaux auxquels elles se livrent ne leur permettent pas de se livrer tous les jours à la coquetterie du dimanche.

Dans le vallon du Truison, il existait naguère encore une vieille coutume dont l'origine paraît se perdre dans la nuit des temps. A la veille de se marier, les jeunes filles venaient mystérieusement, en compagnie d'une, ou de deux au plus, de leurs amies les plus discrètes, en un endroit consacré à cet usage, sur le bord du ruisseau qui parcourt la vallée. Là, après avoir mesuré du regard la profondeur du ruisseau et la distance de l'autre rive, la fiancée s'élançait de l'un à l'autre bord. De la manière dont s'effectuait cet exercice, on tirait les pronostics de son sort à venir. Si la jeune fille parvenait sans accident sur la rive opposée, elle devenait maîtresse au logis, et, comme l'on dit, *elle portait la culotte.* Si, au contraire, elle tombait dans l'eau ou bien faisait un faux pas en posant le pied sur l'autre rive, adieu à son rêve ambitieux ; elle devait se résigner au rôle de très humble servante de son époux.

LES PRIVILÉGES DE SAINT·GERMAIN

—

Le village de Saint-Germain, qui fait partie de la commune de Séez, est un ensemble de chalets protégé contre les avalanches par une forêt telle qu'on n'en rencontre plus guère, mais dont il subsiste encore un certain nombre pour servir de témoignage en faveur de la prévoyance de nos ancêtres. Ceux·ci savaient déjà ce que la science moderne est venue confirmer, c'est-à-dire que la seule digue qu'on puisse opposer aux avalanches, c'est une forêt. L'incurie des derniers temps du régime sarde a laissé dévaster ces défenses naturelles ; il faudra encore bien des années de la sagesse de l'administration forestière française pour réparer les fautes commises.

Saint-Germain occupe l'emplacement d'une

station romaine, celle sans doute que la table de Peutinger désigne sous le nom d'*Alpe Graia*. Son nom actuel lui vient du saint évêque d'Auxerre, car ce prélat s'y arrêta dans un voyage qu'il fit en Italie. Les habitants, en souvenir du passage de saint Germain au milieu de leurs chétives habitations, lui vouèrent un culte et lui érigèrent une chapelle. Dans toute occurence on s'adressait au saint, et grâce à son intercession, la contrée a été délivrée des bêtes féroces qui la ravageaient. Il n'en fallait pas davantage pour convertir au christianisme les habitants de cette région montagnarde, trop intelligents pour se refuser à recevoir la grâce et la lumière, dès que la lumière viendrait à frapper leurs yeux et la grâce à toucher leur cœur.

Les indigènes de cette contrée sauvage sont d'une force physique qui n'a d'égale que leur énergie morale. Quand un orage s'annonce dans leurs montagnes, ils songent aussitôt aux malheureux voyageurs qui peuvent se trouver au milieu de la tourmente. Ils se distribuent toutes les routes qui aboutissent à leurs chalets, ils les parcourent en tous sens, et ne rentrent dans leurs demeures que lorsque l'orage a passé et qu'ils sont sûrs que personne ne se trouve exposé à sa furie. C'est ainsi qu'ils arrachèrent à une mort certaine une princesse de Savoie qui s'était aventurée avec sa suite sur la route du Petit-Saint-Bernard. En récompense du courage que les habitants de Saint-Germain ont montré en cette circonstance, la princesse leur octroya, pour eux et pour tous leurs descendants, un certain nombre de priviléges, entre autres celui d'être dispensés de satisfaire à la loi militaire. Ils étaient également exonérés de toutes les contributions, à la charge de continuer à surveiller le passage du Petit-Saint-Bernard.

Ces priviléges se sont conservés jusqu'à l'annexion de la Savoie à la France, en 1860. Dès cette époque, malgré les efforts des habitants de Saint-Germain à l'effet de faire reconnaître leurs droits et priviléges, les jeunes gens de ce hameau concourent à la conscription comme ceux du chef-lieu de la commune, et les contrôleurs des contributions les ont inscrits sur leurs

rôles, suivant qu'ils sont imposables à divers titres ou degrés. Le niveau égalitaire a passé par
là comme partout; l'on ne tient plus compte
aujourd'hui aux enfants des services de leurs
aïeux, non plus que des vertus de leurs pères.

LA CHAPELLE DU SALUT

L'abbaye d'Hautecombe est située sur le territoire de la commune de Saint-Pierre de Curtille, et Victor-Emmanuel II, roi d'Italie, a l'honneur de figurer sur les rôles de la contribution foncière de cette commune comme un simple propriétaire, pour la portion de terrain, d'église et de maison qui est demeurée propriété particulière de la Maison de Savoie. La cote royale ne suffit pas à enrichir cette contrée, ou du moins, si cette contrée est riche, elle n'a pas l'air de l'être. Le pays est pauvre sous tous les rapports, et, partant, peu habité. Au milieu d'une campagne qui rappelle plutôt les steppes d'Amérique que les gras pâturages de Rumilly, on remarque une chapelle de fondation relativement moderne et rappelant un souvenir local.

Trois voyageurs, étrangers à la contrée, parcouraient la montagne, soit dans un but scientifique, soit par pure curiosité. Surpris par le brouillard, ils s'égarèrent au point de ne plus pouvoir trouver leur chemin. Mourant de fatigue, de froid et de faim, et n'espérant plus qu'en Dieu, ils firent le vœu d'élever une chapelle sur l'emplacement même où ils se verraient délivrés de cette pénible situation. Leur vœu est à peine formulé que les brouillards se dissipent ; une cabane sort de terre sous leurs yeux et leur offre cet abri qu'ils cherchaient depuis longtemps. Ils s'empressèrent de s'y réfugier, et ils y trouvèrent un berger qui leur prodigua tous les soins dont ils avaient besoin. Le vœu fut accompli, la chapelle édifiée sur le lieu même, et on la nomme la chapelle du Salut.

L'ÉCHARPE COULEUR DE CHEVEUX D'OR

—

Ce n'est pas seulement le Titien qui a mis
en relief la couleur blonde légèrement accusée, ni Eugène Suë, par le portrait qu'il a
donné de la belle Cardoville. La couleur d'or,
si en faveur aujourd'hui dans le monde, et
surtout le demi-monde, était un objet d'affection toute chevaleresque d'un bâtard de Savoie,
et l'écharpe couleur d'or que portait Philippin
de Savoie, fils naturel du duc Charles-Emmanuel, à la prise du château de Chamousset, a sa
légende qui frise l'histoire. Que cela ne nous
empêche pas de la retracer ici.

La position de Chamousset, où se trouve une
station de chemin de fer, est considérée comme
importante, puisqu'il s'agit de nouveau d'y faire

quelques travaux de défense, et que le génie militaire s'occupe actuellement de cette question avec vigueur. L'importance de cette position a été de tout temps reconnue, car le coteau où se trouve le village fut occupé de bonne heure par un château des comtes de Savoie. Ce château fut emporté d'assaut par le maréchal de Créqui, malgré l'intrépidité de don Philippin, qui faillit se noyer en repassant l'Isère à la nage.

A la prise de ce château se rattache le triste épisode qui se termine par la mort du prince dont nous venons de parler. Galant, chevaleresque à l'égal des princes légitimes de la famille à laquelle il appartenait indirectement, Philippin portait constamment une écharpe couleur de cheveux d'or, don et gage d'amour octroyé par la dame de ses pensées. Lors du combat de Chamousset, il échappa à Créqui, mais il perdit son écharpe qui tomba dans les mains de son adversaire. Ce dernier se para de ce tissu comme d'un trophée de sa victoire, et se permit à cet égard quelques-unes de ces plaisanteries risquées, de ces allusions de goût équivoque dont les militaires en général et les soldats français en particulier usent avec une légèreté déplorable. Ces plaisanteries arrivèrent aux oreilles de don Philippin, qui en demanda raison à leur auteur. Deux rencontres eurent lieu : la première près de Grenoble, la seconde près de Biord en Bugey. Dans cette dernière don Philippin ayant reçu trois coups d'épée et deux coups de poignard, rendit le dernier soupir entre les bras de ses témoins.

LE FARFADET DES URTIÈRES

Le territoire des Urtières est plus riche dessous que dessus. Et cependant la végétation s'y montre vigoureuse, les arbres y atteignent une grosseur considérable et une belle hauteur. Mais les mines que renferment le tréfonds sont autrement plus productives que les prairies, et le fer est plus précieux que le bois.

La mise en possession d'une minière, — nous allions dire l'investiture d'une mine, — s'effectuait autrefois avec un apparat singulier. Aujourd'hui c'est l'objet d'une concession administrative, précédée d'un certain nombre d'enquêtes, et tout est là; mais jadis on n'y allait pas si prosaïquement. Le notaire était présent, c'est vrai, mais ce n'était que pour la forme. Le marché avait d'autres conditions de garantie qu'un acte dressé sur papier timbré. Le nouveau possesseur, en présence du notaire et des témoins, se mouillait l'index, traçait une croix sur le roc à l'entrée de la minière, puis se signait, posait la main droite sur la croix qu'il avait tracée et répondait à la lecture de l'acte : « Je le jure ; amen ! »

Après l'accomplissement de cette cérémonie on en pratiquait une autre qui avait pour objet d'éloigner les dangers dont les mineurs sont si souvent victimes dans leurs travaux, et de leur rendre favorables les esprits qui habitent ces profondeurs. Parmi ces esprits, l'un des plus redoutés par ses malices et ses espiègleries est le *crosier-farfadet*, aux longues ailes de chauve-souris. Caché dans les coins les plus sombres, il en sort à l'improviste, tord l'épinglette dans le trou de la mine, mouille la mèche, et, pour cela, procède d'une façon fort inconvenante, et se livre à toutes sortes de gentillesses d'un goût douteux. Mais,— comme il est difficile de s'arrêter sur le chemin de la plaisanterie, dont la pente insensible vous conduit à la méchanceté et même à la cruauté,— le farfadet va quelquefois jusqu'à allumer le grisou. Gare à l'explosion ! Il en est souvent lui-même la première victime ; il s'y brûle les ailes, mais cela ne le corrige point, et, le lendemain, il reprend le cours de ses gamineries ordinaires. Il en invente même chaque jour de nouvelles. Quand on est obligé de subir les taquineries inqualifiables d'un enfant mal élevé, le mieux et le plus sage est de le gaver de bonbons et de sucreries ; c'est le meilleur moyen d'en avoir façon, et c'est celui qu'emploie le nouveau propriétaire d'une mine des Urtières pour se débarrasser des importunités du farfadet. Il dépose, le soir, à l'entrée de la mine, un petit panier de provisions ; le lendemain matin, il va sans dire qu'il n'y a plus rien dans le panier.

LES RELIQUES DE SAINT AYRALD

—

Un culte qui a disparu depuis 1793, c'est celui du bienheureux Ayrald. C'était un des plus célèbres évêques de Saint-Jean-de-Maurienne, et la cathédrale de cette ville posséda ses reliques jusqu'à la Révolution française, qui les a dispersées.

Du tombeau de marbre qui contenait les précieuses dépouilles mortelles du bienheureux découlait, à certains jours, une espèce d'huile d'un parfum céleste. Les pèlerins se frictionnaient avec cette huile miraculeuse, et s'en allaient guéris de toutes leurs maladies. C'étaient surtout les rhumatismes qui s'en trouvaient le mieux. Le tombeau du bienheureux Ayrald, ayant disparu, on a recourt actuellement à d'autres procédés pour guérir les rhumatismes, et les eaux thermales d'Aix semblent participer du privilége de l'huile sainte, avec cette différence que celle-ci était d'une odeur exquise, tandis que celles-là vous rappellent assez désagréablement ce qu'un œuf peut devenir. N'est-ce point-là l'exemple du progrès moderne ?

L'HABIT DE VELOURS DES RAPIN

—

L'histoire de la célèbre famille Rapin et de toutes ses branches est si pittoresque que la legende prend le droit de se l'approprier. Mais, pour le moment, nous nous contentons de nous attaquer à son habit de velours.

C'était en effet l'habit de toute la famille. Cette famille, qui s'est étendue sur la France, l'Angleterre, la Prusse, les Pays-Bas, et qui, partout, a su atteindre un rang élevé et s'y maintenir ; cette famille, qui est encore représentée de nos jours par la descendance des femmes, et à laquelle appartiennent les Arlès-Dufour, les Flottard et les Cazenove de Lyon ; les Rapin sont originaires de Valloires, en Maurienne. Propriétaires primitivement du manoir appelé la Chaudane, situé en face de la chapelle de Saint-Pierre, et qui n'est plus aujourd'hui qu'un tas de ruines, les Rapin, comme syndics, ma-

gistrats ou seigneurs, luttèrent contre les empiètements des évêques de Maurienne. La famille
existe encore et elle possède au moins un habit
de velours. Viennent les dimanches et les jours
de fêtes, l'aîné des frères endosse l'habit de velours et le pourpoint noir que son père n'avait
pu emporter dans l'autre monde, et, dans ce
costume traditionnel, il va s'asseoir au banc
réservé. Le banc réservé était autrefois un
des droits du seigneur ; il s'appelait alors
le banc seigneurial. De nos jours, c'est le
monopole des marguilliers et conseillers de Fabrique, et cela s'appelle le banc d'œuvre. L'aîné
des Rapin, disions-nous, assistait dévotement au
commencement de l'office, puis, quittant l'église
et revenant au château, il passait l'habit à son
second frère qui, à son tour, faisait une appari-
tion au banc d'œuvre pour revenir bientôt passer l'habit au troisième Rapin, et ainsi de suite
jusqu'à l'épuisement de l'espèce. Le cadet avait
eu son tour avant que l'office fût terminé, et
c'était lui qui rapportait au manoir l'absoute
que les hôtes se partageaient à l'amiable.

———

LES ASSIÉGÉES DE CHARBONNIÈRE

—

La maison de Prusse, qui est aujourd'hui si redoutable, a eu de bien petits commencements. Le nid d'aigle de Hohenzolern fut son berceau, le duché de Brandebourg sa couchette, et la Panonie,— l'ancienne officine du genre humain et le tombeau d'Attila, — est devenue son lit de parade.

La maison de Savoie, qui règne aujourd'hui sur toute la péninsule italique, dont la capitale est à Rome, la ville universelle, n'a pas eu une aurore plus brillante. Le château de Charbonnière fut son point de départ. Qui sait maintenant où elle s'arrêterait si jamais l'esprit de conquête allait s'emparer des descendants futurs du pacifique Victor-Emmanuel ?

Le château de Charbonnière est donc un point marquant dans l'histoire. Il y tient plus de place

que sur la carte de géographie. Mais l'histoire
a ceci de singulier qu'elle empiète volontiers
sur le terrain de la légende. La légende se re-
biffe, et c'est son droit. Elle prend son bien où
elle le trouve, et c'est en vertu de ce principe,
codifié par Molière, que nous revendiquons la
propriété de l'anecdote historique suivante.

François Ier s'était emparé du château de
Charbonnière en 1536, et l'avait ruiné. Emma-
nuel-Philibert le fit réparer. En 1590, Lesdiguières s'en rendit maître à son tour ; Charles-
Emmanuel le reprit bientôt. En 1599, il tomba
au pouvoir de Créquy, mais ce général ne put
s'y maintenir longtemps. Décidément la maison
de Savoie tenait à son berceau, et son berceau
tenait à elle. Il a fallu les traités de 1860 pour
altérer cet inaltérable attachement.

En 1600, Sully, qui l'avait attaqué, éprouva,
de la part de la garnison, une énergique résistance. L'explosion des magasins à poudre n'avait
pas suffi pour la déterminer à capituler ; elle
tenait toujours et refusait de se soumettre aux
rigoureuses conditions posées par l'assiégeant.

Quel bonheur, quoi qu'on en puisse dire, que les rois de France soient accessibles aux prières et aux grâces des femmes ! Les femmes de Charbonnière, et celles d'Aiguebelle sans doute, connaissant le faible d'Henri IV, et sûres, du reste, de l'ascendant de leurs charmes, pensèrent qu'une démarche de leur part aurait plus de succès qu'un nombre incalculable de coups de canon. Leur prière avait été repoussée par l'intraitable vertu de Sully, qui enviait toutes les gloires du grand Scipion ; elles portèrent leur pétition au roi lui-même, qui venait d'arriver sous les remparts de la forteresse assiégée. Henri IV, qui n'a jamais posé pour la continence du vainqueur de Numance, se montra moins inexorable que son ministre, et la plus belle de ces ambassadrices obtint pour la garnison une capitulation honorable.

UN PÈLERINAGE A L'USAGE DES TÉNORS

—

Qu'on dise encore que les calembourgs sont chose légère, ne laissent pas de trace après eux et sont sans influence sur les destinées humaines ! On commettrait une erreur, car nous pourrions citer telle calembredaine qui a mis le feu aux poudres entre deux grandes nations, et telle autre sur laquelle est établi le plus ancien des trônes qui soient debout dans la vieille Europe. Un calembourg peut bien, à ce compte, donner naissance à une pieuse croyance, à un salutaire pèlerinage.

Le mot *voie* désigne un chemin, chacun sait cela, sans qu'il soit nécessaire de remonter à l'étymologie, le mot *via* des Latins, qui a la même signification. A quelque distance de Valmeinier, en Maurienne, on trouve une chapelle construite au bord du chemin et consacrée à la sainte Vierge sous le vocable de *Notre-Dame-de-la-Voie*. Cette chapelle est le but d'un religieux pèlerinage ; on y vient pour demander la guérison des maladies du larynx et des organes *vocaux*. La croyance populaire a fait une Notre-Dame-de-la-*Voix* de Notre-Dame-de-la-*Voie*. Il n'en subsiste pas moins que ce pèlerinage n'est pas sans efficacité, et l'on cite de nombreuses guérisons miraculeuses obtenues par les pèlerins. C'est à telle enseigne que le Conservatoire de Paris s'en est ému, et se propose d'y établir un hospice dans lequel ne seraient admis que ses élèves.

LE MOINE DU BATONNET

—

Si l'histoire tient un compte plus circonstancié des événements qui se sont accomplis dans les villes importantes, en revanche, la légende tient rigueur à ces favorites de sa rivale. On trouve peu de légendes dans le sein des populations urbaines, et celles qu'on y trouve ne présentent pas un bien vif intérêt.

La ville de Chambéry ne peut être traitée autrement qu'une ville importante. Elle fut capitale d'un duché qui a joué son rôle dans l'histoire, et, bien que réduite aux proportions d'un mince chef-lieu de petit département, elle n'en a pas moins ses défauts et ses qualités originels.

Pourtant, on n'est pas chrétien fidèle et catholique fervent comme l'est la population de

Chambéry, sans entretenir le souvenir de quelque histoire édifiante. Et la preuve :

Vous connaissez les bâtiments des casernes. Ils ont été construits en 1806, sur un vaste terrain qui avait appartenu au couvent des Ursulines, et peuvent contenir aisément quatre ou cinq mille hommes de toutes armes. Immédiatement au-dessus des casernes, sur une esplanade qui domine le rocher du Bâtonnet, existait l'église de Sainte-Marie-l'Egyptienne ou de Notre-Dame-des-Anges. Cette église contenait douze chapelles qui étaient affectées aux caveaux mortuaires d'autant de familles nobles de Chambéry. Au-dessus du rocher se trouvait une croix qui avait donné lieu à une légende miraculeuse.

La branche transversale de la croix du Bâtonnet était tournée dans la direction du nord. Elle avait été érigée par un moine qui jouissait dans le pays d'une grande réputation de sainteté. Il se nommait le Père Bourgeois. Dans un voyage que fit à Lyon le Père Bourgeois, ce saint homme mourut. Au moment qu'il expirait à plus de cent kilomètres de distance, la branche transversale de la croix tourna d'elle-même en prenant la direction de l'ouest, c'est-à-dire du côté qui regarde Lyon ; elle apprit ainsi aux nombreux fidèles qui avaient toute confiance en lui que leur directeur spirituel venait de passer dans un monde meilleur, pour y recueillir le fruit de ses œuvres.

La croix n'existe plus, mais la croyance en sa versatilité lui a survécu.

LA CROIX ET LES CAILLES
DE PUISGROS

—

Puisgros est un village bien inoffensif, situé dans le vallon de La Thuille, sur une hauteur qui domine un torrent, lequel fait beaucoup de bruit mais n'en est pas plus redoutable. A quelque distance, on aperçoit une vieille tour féodale, seul reste d'un château démoli par les mains des villageois qui s'étaient insurgés contre leur seigneur pour tirer vengeance d'un crime dont il était l'auteur. Chaque paysan vous racontera ce dramatique événement. Amblard de Miradoux avait tué d'un coup de fusil le curé de Puisgros. Aussitôt les paysans se sont levés comme un seul homme pour venger la mort de leur pasteur vénéré. Le château de l'assassin fut démoli à coups de pioche. et l'on planta une croix sur la place même où le crime avait été commis.

Mais, en regard de ce seigneur homicide, montrons à nos lecteurs la sympathique figure de deux enfants de ce village qui ont laissé un nom populaire et vénéré à Lyon, par leur philanthropie et leur piété. Les deux frères Caille, chanoines de la primatiale de Saint-Jean, nés à Puisgros et morts à Lyon il y a environ trente ans, léguèrent l'emplacement destiné à recevoir la sépulture des prêtres au cimetière de Loyasse et fondèrent dans les maisons qu'ils possédaient près de l'église de Fourvières un asile pour les enfants infirmes. Leur nom donna naissance à un jeu de mots que les vieux Lyonnais aiment à répéter : Une *Pie* monte à Fourvières soutenue par deux *Cailles*. En effet, Pie VII, désirant visiter la chapelle de Fourvières, fit l'ascension de la sainte colline assis dans un fauteuil porté par les deux frères Caille.

LE MARTYR DES DÉSERTS

—

Les Déserts, on a peine à le croire si l'on tient compte de la signification des mots, est un village considérable, et qui ne manque pas d'habitants. Qu'on ne s'attende donc pas à y trouver une thébaïde, non plus à y rencontrer des anachorètes. Ce village s'appelait autrefois Saint-Michel-des-Déserts, et actuellement Les Déserts tout court. On assure que la principale industrie de ses habitants consiste à prêter leur témoignage en faveur des prévenus qui ont à répondre devant la justice de la soustraction d'un fagot de bois, ou de toute autre contravention aux réglements forestiers. Nous croyons que l'abondance des fourrages, la belle venue des bestiaux et la bonne qualité des fromages sont une source de richesse préférable. Dans

tous les cas, le pays présente l'aspect de cett
aisance enviable et qu'Horace appelait la mé
diocrité dorée. Ses maisons sont néanmoin
encore couvertes en paille, mais heureusemen
isolées les unes des autres. Les incendies n'
trouvent pas leur compte, c'est vrai, mais i
n'est pas de rigueur de faire la courte échelle
ce fléau qui sévit déjà suffisamment dans no
campagnes.

La terre des Déserts, érigée en fief, apparte
nait aux Légeret, dont le dernier, Jean Légeret
docteur-ès-lois, perdit la tête sur le billot er
1417, et nos lecteurs se creuseraient la leu
pendant quinze jours qu'ils n'imagineraient pa
le crime dont il était accusé. Il fut condamn
*pour méfaits de mathématiques, de médecine e
d'astrologie.* D'astrologie passe encore, mai
tuer un homme pour avoir poursuivi le binôm
de Newton, cela dépasse toute imagination !

LE BINAGE DE SAINT JEAN-BAPTISTE

Il est assez probable que la ville de Saint-Jean-de-Maurienne, aujourd'hui chef-lieu de sous-préfecture et siége d'un évêché, ne serait autre que l'ancienne *Medullum*, soit l'urbs *Morogena*, qui fut saccagée par les barbares au sixième siècle. Elle doit sa reconstruction à Gontran, mais plus encore au zèle pieux d'une sainte et noble fille d'une vallée voisine, qui seconda puissamment, par son influence morale sur la population, les bonnes intentions du roi des Burgondes.

Sainte Thècle, native de Valloires, avait apporté de la Palestine une précieuse relique; c'étaient l'index et le médius de la main droite de saint Jean-Baptiste, le précurseur du Sauveur des hommes. Gontran ne trouva sur les lieux aucun bâtiment qui fût digne de recevoir ce

dépôt d'un prix infini : il fit construire un
église pour y suppléer. Les maisons sont venue
se grouper autour de cette église, et Saint-Jean
de-Maurienne s'est trouvé reconstruit comm
par enchantement. On ne manqua pas, en effet
de donner à la ville nouvelle le nom du sain
dont les deux doigts avaient suffi pour opére
sa reconstruction ; aussi la sainte relique est-ell
entourée du culte le plus fidèle. Le *Binagiun*
est l'objet de nombreux pèlerinages et d'une fo
robuste de la part des habitants de la contrée
Les églises de Turin, d'Aoste et de Belley s
partagèrent le linge qui avait servi à enveloppe
le binage de saint Jean-Baptiste. Sainte Thècl
est, elle aussi, vénérée à juste titre, et plus particulièrement dans les diocèses de Belley, d'Aost
et de Turin, bien plus même que dans le dio-
cèse de Saint-Jean, où elle est presque oubliée
en vertu de ce principe en vigueur partout, qu
nul n'est prophète dans son pays.

LA DÉVOTION A SAINT AVIT

—

La commune de La Ravoire fait partie du
canton-sud de Chambéry. A quelques pas de la
maison-forte du Buisson-Rond, sur l'emplacement de laquelle les descendants du général
comte de Boigne ont fait construire un château
moderne, au pied du coteau de Barberaz qui
est lui-même comme l'escabeau du coteau des
Charmettes, sur les bords d'un petit ruisseau
capable de susciter le retour de la poésie bucco-
lique trop délaissée de nos jours, le village de
La Ravoire se fait remarquer par son église et
son presbytère, qui se détachent avec une certaine coquetterie sur la verdure des arbres et
des prairies, dont la végétation luxuriante fait
de cette commune l'une des plus heureuses de
la contrée.

L'église paroissiale est consacrée à Saint-Avit (Avitus), et ce saint patron y possède une chapelle toute particulière. Cette chapelle, un peu délaissée actuellement, était autrefois l'objet d'une grande dévotion et le but d'un pieux pèlerinage. L'efficacité des prières adressées au saint était manifeste : les jeunes filles qui l'invoquaient ne tardaient pas à se marier, et les jeunes femmes qui désiraient devenir mères ne le priaient jamais en vain. Aujourd'hui les vœux des fidèles ne s'étendent pas si loin. On se borne à demander au Saint le redressement des membres des enfants perclus, et l'on constate fréquemment les bons résultats de ce système orthopédique.

LE DÉLUGE DE MODANE

—

Le bourg de Modane est assis au milieu d'un bassin verdoyant, entouré de montagnes dont les flancs sont couverts de noires forêts et les sommets de neiges éternelles, et d'où se précipitent en tous sens des torrents qui, jusqu'à ce jour, ont mis en défaut les ingénieurs chargés de la construction et de l'entretien du chemin de fer Victor-Emmanuel.

On comprend que cette position exceptionnelle rende l'existence de ce bourg pleine de dangers; car les cataractes de la terre semblent toujours prêtes à s'ouvrir et à se répandre dans la plaine qui finira, sans aucun doute, par devenir un lac, sur les bords duquel viendront s'installer les pêcheurs à la ligne.

Ce ne serait, du reste, pas la première fois

que Modane aurait été inondé. Les chroniques locales, que l'on trouve en grande quantité et en parfait état de conservation dans les archives de la commune, contiennent des détails éminemment curieux sur la désastreuse inondation de 1469, qui détruisit entièrement le bourg et dévasta tous les champs cultivés du bassin. La douloureuse et profonde impression que cette catastrophe a laissée dans l'esprit de la population n'est pas près de s'effacer. Cet événement a inauguré comme une ère nouvelle pour Modane. Le souvenir en est tellement persistant que toute l'histoire locale gravite autour de lui, et l'on trouve des documents qui, pour indiquer l'époque des faits auxquels ils se rapportent, se réfèrent à l'inondation de 1469, et stipulent ainsi les dates : telle année avant le déluge de Modane ou telle année après.

LES PETITS POULETS DE BISSY

—

Bienheureuses les localités dont les noms se trouvent sertis dans les vers de Lamartine ; elles vivront l'éternité ! Le nom de Bissy se trouve dans la méditation qui porte le titre d'*Adieu*, et, si son nom était effacé du dictionnaire des communes, Bissy aurait la consolation d'être inscrit en un livre dans lequel effacer une ligne serait un sacrilége.

Bissy possède un château qui appartient à la famille de Maistre, et qui reçut plusieurs fois la visite du chantre d'Elvire, notamment en 1815, quand l'illustre poète, qui servait dans les gardes-du-corps de Louis XVIII, s'arrêta dans la vallée de Chambéry, en revenant de la Suisse, où il s'était retiré pendant les Cent jours.

Mais ce n'est pas tout : Bissy, d'ancien prieuré,

est devenu une paroisse, et l'église renferme les
reliques de saint Valentin. Pendant que ce
prieuré obéissait au couvent de Saint-Martin-
de-Miseré, les reliques de saint Valentin atti-
raient de nombreux pèlerins venant chercher
des indulgences que le prieur échangeait avec
la générosité la mieux entendue. L'offrande qui
était le plus favorablement accueillie, dit la tradition, c'étaient les petits poulets. On les dépo-
sait sur l'autel et ils disparaissaient aussitôt
dans un caveau qui se trouvait au-dessous.
Cette dévotion s'est bien refroidie, mais les petits poulets n'en sont pas plus heureux.

LA CROIX DES MARIAGES

—

Les moines auxquels fut confiée la garde des caveaux d'Haute-Combe venaient de Cessens, où l'abbaye d'Aulps avait jeté les fondements d'une succursale de ce célèbre monastère. Amédée III venait de forder la nécropole de sa famille, le Saint-Denis de la maison de Savoie, et la colonie envoyée par l'abbaye d'Aulps à Cessens eut à peine le temps de prendre possession de ce domaine qu'elle fut appelée à de plus hautes destinées.

Mais le peu de temps que les moines avaient séjourné à Cessens avait suffi pour leur attirer l'affection de la population, qui les voyait avec le plus vif regret partir pour Haute-Combe. Hommes et femmes, vieillards et enfants, tous les habitants accompagnèrent les bons moines, et tous pleuraient, dit la légende, comme des enfants qu'on laisse orphelins. Vint le moment où il fallut se séparer, les moines pour se renpre à la résidence nouvelle qui leur était assignée, et les habitants de Cessens pour rentrer dans leurs demeures. Les adieux furent touchants, on nous en croira sans peine. Le prieur ne pouvait s'arracher aux embrassements de ces braves gens. Enfin, étant parvenu à se dégager, il s'approche d'un buisson, en détache deux rameaux verts, les arrange en forme de croix qu'il plante en terre, et, « Agenouillons-nous au pied de la croix, dit-il ; que ce signe nous recommande à votre souvenir chaque fois que vous le verrez sur le bord du chemin. » Puis, distribuant quelque argent aux filles les plus pauvres et les plus vertueuses : « Voilà, dit-il, pour vous aider à constituer votre dot, et pour que vous ayez des enfants qui prient Dieu pour nous. » Tout le monde s'agenouilla devant la croix improvisée, la bénédiction du prieur fut donnée et reçue comme un gage de celle de Dieu.

C'est à l'endroit où le prieur avait planté sa

croix, trop fragile pour résister longtemps, que l'on a planté la *Croix des Mariages*. On rencontre cette croix sur le chemin de Sapenay, la plus haute localité de la commune de Cessens, et les jeunes filles de la contrée vont s'y agenouiller dans la pensée de trouver un époux.

LE PRIX D'UN PERMIS DE CHASSE

—

Le massif des Bauges est disposé de telle
sorte que les bêtes féroces en ont fait la leur
(de bauge) pendant des siècles, sans qu'il fût
possible de les déterminer à déserter une position aussi avantageuse. Qu'on ne croie pas cependant que ce plateau, limité d'une part par
le canton de Saint-Pierre d'Albigny, de l'autre
par celui d'Aix-les-Bains, tire son nom de ce
mot, qui signifie repaire de sanglier. On le fait
venir de *Bos*, et les magnifiques troupeaux, qui
paissent les gras pâturages de la contrée, justi-
fient suffisamment cette étymologie.

Il n'en subsiste pas moins que les Bauges
étaient désolées par la présence des loups, des
ours et des renards dont les dégâts étaient con-
tinuels. C'est à telle enseigne que les seigneurs,

si jaloux du droit de chasse, s'en départirent
en faveur de tous les habitants. Tous les Baujus
avaient l'autorisation de porter des armes et de
chasser la bête fauve. Mais un seigneur ne con-
cède pas un semblable privilége sans aucun *cor-
respectif*. Il fallait nécessairement témoigner
que, ce privilége, on le tenait à bien plaire ; il
fallait en rendre hommage à certain jour, et
donner un gage de vasselage qui en établît l'o-
rigine. Ce gage fut bientôt trouvé. Il fut arrêté
que tout paysan qui voudrait courre la bête
fauve y serait autorisé sans autre, à charge à
chaque chasseur de faire hommage au seigneur
du Châtelard, tous les ans, d'une paire de sou-
liers, s'il était cordonnier, et de la moitié d'une
culotte s'il était tailleur. Il est à présumer que
les tailleurs se mettaient à deux pour produire
une œuvre complète, à moins que le seigneur
du Châtelard fût en ceci comme en cela une ré-
duction du roi de Sardaigne, son suzerain, qui
au moins avait une culotte toute entière, s'il est
vrai qu'il n'en possédât qu'une.

LA NOIRE DE MYANS.

—

Le pèlerinage de Myans est une dévotion trop universellement populaire pour qu'on puisse croire égarée ou seulement oubliée la légende qui se rattache à ce pieux sanctuaire. Néanmoins, nous croyons qu'une collection de légendes savoyardes serait imcomplète si celle-là ne s'y rencontrait pas.

En l'an 1248, une partie de la montagne appelée le Granier se détacha et remplit le vallon qui s'étend d'Apremont aux Marches. C'est à ce désordre majestueux produit par l'éboulement de ces terrains de montagnes étendus sur la plaine qu'on a donné le nom d'*Abîmes de Myans*. Ces abîmes sont plantés de vignes, et ces vignes produisent du vin en telle quantité qu'on passe aisément sur sa qualité.

A l'endroit où les matériaux descendus de la montagne se sont arrêtés, il existe une chapelle qui existait déjà à l'époque de la catastrophe. A l'entrée de cette chapelle s'élève une colonne d'une certaine hauteur sur laquelle est placée une statue de la Vierge Marie. La sainte Mère du Sauveur n'est rien moins qu'une négresse vêtue d'un vaste manteau d'or et le front ceint d'un diadème. La chapelle est desservie par plusieurs Pères de la Compagnie de Jésus, dont l'un remplit en même temps les fonctions de recteur de la paroisse de Myans, paroisse qui fait partie de la commune des Marches.

Nous ne rappellerons pas qu'il existait au pied du mont Granier une ville assez considérable, puisqu'elle était le siége du Décanat de Savoie, et que cette ville, dont le nom était Saint-André, a été ensevelie sous les débris du Granier comme Pompeï sous les cendres du Vésuve.

Mais nous ne pouvons faire moins que de reproduire le récit de l'événement tel que l'a raconté le Père Fodéré, et dans toute sa naïveté patriarchale :

« Le pape Innocent IV, en guerre avec l'empereur Frédéric II, s'était retiré à Lyon, où il avait convoqué un concile. Voulant attacher à son parti Amédée de Savoie, il céda à Jacques Bonivard, secrétaire et favori de ce prince, la jouissance d'un riche prieuré, situé en la ville de Saint-André, au penchant du mont Granier. Chassés de leur monastère par Bonivard, les religieux allèrent se réfugier dans la chapelle de Myans, aux pieds d'une image de la Vierge, *noire comme une Œthiopienne* ; et tandis que Bonivard fêtait sa prise de possession avec ses parents et ses amis, la montagne s'écroula sur eux ; l'éboulement, après avoir creusé un abîme d'une grande lieue de large et de long, arriva jusqu'aux talons des pauvres religieux, où il s'arrêta tout court. Les religieux voyaient dans les airs le prince des ténèbres qui, agitant ses ailes de feu, encourageait les démons dans leur œuvre de destruction ; ils l'entendaient crier à ces génies infernaux : — Plus loin, plus loin encore, détruisez la chapelle ! — A quoi ceux-ci répondaient : — Nous ne le pouvons, car la *Noire* nous en empêche ; elle est plus forte que nous ! »

LA MAISON DU DIABLE

—

Il n'est peut-être pas un rhétoricien qui ne se soit exercé à répéter la légende de la Maison du Diable ; il n'est pas de tous les journaux qui ont chanté les vertus des thermes d'Aix-les-Bains, un seul qui n'ait consigné cette légende. Elle a été écrite par tant de monde, sans oublier Mme Rattazzi, qu'il serait surprenant qu'un homme se rencontrât qui ne la connût pas.

Mais, ainsi que, après avoir fouillé tous les commentateurs du Code civil, on ne tarde pas à reconnaître que, pour voir clair dans le grimoire de la loi, le mieux est de lire la loi même dans toute sa crudité native, de même il paraîtra avantageux à nos lecteurs de trouver la légende primitive dans toute la simplicité qui convient à la légende. Et c'est à cet titre que nous consignons ici la légende de la *Maison du Diable*.

Le hameau de Cornin est situé sur le bord du lac du Bourget, au fond d'une anse naturelle qui, pour ne pas être aussi vaste que le port de Puer, n'en abrite pas moins un plus grand nombre d'embarcations. C'est à quelques pas de ce village, sur une belle esplanade située au sommet d'un coteau couvert d'une végétation magnifique, que se trouve la maison qui portait, il y a quelques années encore, cette singulière désignation, mais qu'aujourd'hui l'on n'appelle plus autrement que la maison de Bellevue.

Un villageois, jaloux de l'opulence des seigneurs, enviait une demeure somptueuse. Mais comment se la procurer, lui qui n'avait pas de ressources ? Il songeait au moyen de satisfaire ses désirs ambitieux, lorsqu'un soir, au moment où sonnait minuit, le diable en personne apparaît tout à coup à ses yeux. On juge de la stupeur de notre homme. Cependant, Satan se montre bon prince et, sans trop l'effrayer, il lui dit :

« Tu veux un manoir splendide où tu serais entouré de luxe et de richesses. Eh bien ! je t'en bâtirai un, mais en échange, tu me donneras ton âme, C'est le prix que je mets à notre traité. » Notre homme était trop préoccupé de ses désirs pour hésiter un seul instant. Il accepte la proposition diabolique, et il se trouve aussitôt installé dans une maison aussi splendide qu'il pouvait la rêver. Mais, au milieu des rêves assouvis, des espérances comblées, on s'oublie, et l'on oublie aisément le montant des billets qu'on a souscrits anisi que la date de leur échéance.

Un soir, notre heureux mortel entend frapper à la porte de sa demeure ; c'était son créancier qui venait réclamer l'exécution du traité. Le pauvre homme se lamente, se récrie, en appelle à tous les sentiments imaginables. Mais ce qui caractérise le diable, c'est qu'il est inaccessible à tous les bons sentiments. Le prince des ténèbres vous charge l'âme de son homme sur son dos et disparaît avec elle. Ainsi disparut le premier possesseur de la *Maison du Diable*.

LES DAMES DU BETTON

Le Betton est aujourd'hui un grand établissement industriel ; c'était, il y a quelque dix ans, un asile pour les aliénés, et primitivement une abbaye de femmes. La mère et la sœur de saint Pierre de Tarentaise l'ont fondée en 1150, et l'abbaye des Hayes en Grésivaudan fournit les premières religieuses qui vinrent s'y établir.

Pauvre dans l'origine, l'abbaye ne tarda pas à devenir riche propriétaire. Elle acquit bientôt, par ces mille moyens de transmission qui sont à l'usage des corporations religieuses, des terres considérables, des forêts abondantes, des domaines de toute sorte, le tout avec accompagnement de dîmes et de servitudes et de tous les droits féodaux de l'époque. Mais en revanche, les religieuses suivaient la règle de saint Benoît dont l'austérité est connue : jeûnes fréquents, nourriture à peine suffisante, costumes

grossiers, claustration complète, travail conti-
nuel, discipline sévère et silence absolu.

Cette dernière condition, à laquelle les hommes se soumettent aisément, est plus difficile à
imposer aux femmes. Aussi pensons-nous que
c'est à elle qu'il faut attribuer le relâchement
qui ne tarda pas à se manifester au sein de l'abbaye. Dès qu'une condition devient caduque, les
autres ne demandent pas mieux que de le devenir aussi. Le silence ne fut bientôt plus observé avec la même rigueur, et le reste de la
règle s'en alla à l'avenant. Les religieuses
allaient dans le monde, recevaient même chez
elles nombreuse société.

Le désordre devint tellement criant qu'il rendit inutiles les efforts tentés par l'abbé de Tamié qui avait entrepris de ramener les religieuses à l'observance de la règle du fondateur.
Elles promirent bien de s'amender, mais le
ferme propos n'eut pas de suite. Les censures
ecclésiastiques arrivèrent, un aumônier rigide
fut chargé de redoubler de surveillance, et ces
dames répondirent à l'application de ces mesu-

res que les verrous et les grilles, pas plus que la surveillance d'un aumônier n'ajouteraient pas une garantie de plus, car leur vertu, disaient-elles, est une sauvegarde assez puissante pour résister à la calomnie.

Plus tard, le directeur de ces dames lui-même se départit de sa rigueur. Le Révérend Meynier, de la Sainte-Chapelle de Chambéry, doyen du prieuré de Chamoux et qui remplissait cet emploi de confiance, fut accusé d'entretenir des relations coupables avec une des brebis confiées à sa garde. Le Sénat s'en émut, le crime fut prouvé, et l'indigne prêtre, conduit dans la forteresse de Miolans, termina sa carrière scandaleuse au fond d'un cachot.

Après avoir été réuni au chapitre de la Sainte-Chapelle, puis à la mense épiscopale de Chambéry, le monastère du Betton fut, en 1793, aliéné par l'Etat. Les religieuses, à leur grande joie, rentrèrent dans leurs familles et se marièrent pour la plupart. Sa dernière abbesse fut Mme Anne-Marie-Chollet du Bourget.

LA BARME A COLOMB

—

Les mots *Balme*, *Baume*, *Barme*, désignent
une grotte, une excavation, et se rencontrent
avec de légères modifications dans tous les dia-
lectes.

La dent du mont Granier, dont nous avons
parlé à l'occasion de la légende de Myans, est
taillée à pic du côté de l'Isère et n'est accessible
que du côté du col. C'est par là que les troupeaux passent pour atteindre les maigres pâturages qui couvrent son sommet, et les botanis-
tes suivent le même chemin. La flore de cette
montagne est riche et intéressante, et les natu-
ralistes le savent bien. Non loin du sommet, on
voit des cavités profondes, semblables à des entonnoirs, auprès desquelles on récolte des plantes extrêmement rares, puis, à quelque distance

une grotte, appelée la *Barme à Colomb*. Son entrée est masquée par un pilier naturel, sur lequel sont grossièrement représentées les armoiries du Dauphiné. Là, en effet, se trouvent les limites de cette province et de la Savoie.

Pénétrer dans la Barme à Colomb est une entreprise qui exige autant de souplesse et de force physique que d'énergie morale. Non seulement on y éprouve une sensation de froid réel, mais encore l'imagination se charge de redoubler cette impression. Engagez-vous dans ce labyrinthe, vous n'y aurez pas fait un pas que les cris les plus lamentables, les sanglots les plus navrants, venant dans tous les sens de ces profondeurs mystérieuses, frappent votre oreille et vous prennent au cœur. C'est, vous diront les gens du pays, c'est le pauvre Colomb qui gémit au fond de la Barme, et dont les gémissements sont centuplés par les échos de la caverne. Attiré par l'espoir d'y trouver un trésor qu'on y croyait enseveli, le malheureux Colomb voulut pénétrer dans les replis les plus inexplorés de la grotte ; il s'y aventura si bien qu'il ne

put plus retrouver son chemin pour en sortir.
Dieu l'avait puni de sa convoitise en rapprochant
brusquement deux rochers entre lesquels sa
tête se trouva prise comme dans un étau. Depuis lors, le pauvre Colomb fait entendre ces
cris affreux qui dureront jusqu'à la fin des siècles, car s'il n'est pas encore fatigué de crier
depuis le temps qu'il crie, il est assez probable
qu'il ne s'en fatiguera jamais.

LE CHATEAU DE LA CHERNIA

—

Ce mot la *Chernia* sent le cadavre. Il doit être cousin du mot charnier, et, comme ce dernier, il doit se rapporter aux lieux témoins de quelque éclatante boucherie humaine.

La Chernia est le nom d'un ruisseau, d'un nant, comme on dit dans toutes les langues qui procèdent du celtique ; mais il est encore celui d'un château dont il n'existe plus que des ruines, et qui était situé sur le bord du ruisseau du même nom. C'est encore un des innombrables monuments que le régime féodal a laissés dans les Bauges. Les seigneurs se battaient entre eux comme s'il ne se fût jamais agi de la vie de leurs vassaux, et pourtant ceux-ci n'avaient consenti au vasselage qu'à la condition d'être protégés. Il est vrai de dire que la meilleure protection qu'on puisse invoquer, c'est celle qu'on ne doit qu'à soi-même. Les alliances politiques sont œuvres modernes ; il n'est que les temps actuels où la force de répulsion l'emporte sur la vieille puissance découverte par Newton, pour faire des Romains des Oreste, et des Carthaginois des Pilade, suivant qu'il se présente un troisième compère dont il est utile de se débarrasser.

Le château de Chernia commandait l'entrée des deux combes : celle de Leschaux, sur la rive droite du nant, et celle d'Aillon sur la rive gauche. Ce n'est plus aujourd'hui qu'un amas de débris gisant sur un mamelon rocheux appuyé à de vastes forêts au-dessus des torrents. On attribue sa destruction à la garnison du Châtelard. Le seigneur de la Chernia, qui n'était pas béni dans la contrée, n'en fréquentait pas moins assidûment les offices divins. L'église de Bellecombe était sa favorite. Pendant qu'il se livrait à ses dévotions, la garnison du Châtelard se porta à l'improviste sur son manoir et, le trouvant sans défense, elle le livra aux flammes.

Mais rien ne justifie jusqu'ici la signification

que nous avons attribuée au nom de ce château. Il faudra donc remonter plus haut dans l'histoire pour appuyer nos dires. Les Sarrasins ne sont-ils pas là pour nous tirer d'affaire ? En effet, les sectateurs de Mahomet, après la défaite d'Abderrame, se sont disséminés dans toutes les directions, et les Bauges leur ont paru présenter de certaines garanties de sécurité. Ils s'y réfugièrent en grand nombre, au grand mécontentement des indigènes, qui, de temps en temps, en faisaient d'affreux massacres. Néanmoins, le sang sarrasin domine dans les Bauges, et c'est à cette circonstance que les *Baujus* doivent leur réputation de duplicité qu'ils ne méritent que dans une mesure très restreinte.

LE FOND DE L'HISTOIRE DE MONT-MAYEUR

—

Les légendes que nous aimons à enregistrer, ce sont celles qui ne sont populaires que jusqu'à un certain point. Quand elles le sont trop, il nous répugne de leur sacrifier une place qui pourrait être occupée plus avantageusement. La légende du dernier des Montmayeur appartient à cette dernière catégorie. Le crime qui en constitue le point de départ ne présente plus le moindre mystère ; tout le monde en sait les détails par le menu. Et les détails qui sont en circulation sont si nombreux qu'ils ont obscurci le fond de l'histoire. Notre part n'est donc plus ici de développer le récit de l'événement, mais bien plutôt de le circonscrire. Assez de rhétoriciens ont fait de cette histoire un exercice pour leur jeune plume, la nôtre se bornera à extraire les éléments d'une histoire que tant d'écrivains ont brodée au point de la rendre méconnaissable. Nous rechercherons le canevas sous les fils de laine et de soie aux mille nuances, tissés par la lourde main du temps ou par les doigts légers de la fantaisie. Nous espérons même, au moyen de ce procédé dont nous ne sommes pas coutumier, être agréable à ceux de nos lecteurs qui aiment à poursuivre l'ossature de l'animal à travers les chairs du cadavre.

Les Montmayeur avaient une rude devise, et les souvenirs qu'ils ont laissés semblent la justifier pleinement : *Unguibus et rostro*, était inscrit sur une bandelette qui entourait leur blason, et ces nobles seigneurs, doués de becs et d'ongles, ne se faisaient pas faute de se montrer dignes de la porter.

Le château des Montmayeur était situé au-dessus du village de la Croix de La Rochette. Il n'en subsiste plus que deux énormes tours qui, émergeant d'un massif de bois taillés, se détachent vigoureusement dans l'espace.

Jacques de Montmayeur croyant avoir à se plaindre de son parent Guy de Fésigny, président du tribunal de Chambéry, qui avait rendu contre lui un arrêt dans un procès important, résolut de s'en venger. Sous un prétexte quelconque, il l'attira à son château. On le conduisit dans une salle basse où se trouvaient trois juges et des moines ; ceux-ci psalmodiaient les offices des morts, ceux-là dressaient une forme de jugement. Le bourreau, avec le pittoresque costume que l'on sait, se tenait dans le fond, le billot devant lui et le cercueil à côté. Le tribunal rendit sa sentence et l'exécution de la sentence fut instantanée. La tête du malheureux Guy de Fésigny roula sur le carreau. Instruit de ce crime, le duc de Savoie exila Montmayeur, confisqua ses biens et ordonna que son château fût démoli jusqu'en ses fondements. Mais il voulut que les deux tours géantes fussent laissées debout pour apprendre aux générations à venir le forfait du châtelain de Montmayeur.

Telle est la légende qui circule autour des foyers depuis le quinzième siècle ; mais l'histoire a quelque peu modifié ce lugubre appareil. D'après la légende, le comte Jacques de Montmayeur aurait été puni, légèrement, c'est vrai, mais puni quand même. Hélas! l'histoire ne confirme pas ce dénouement plus conforme aux récits de la morale en action qu'à la vérité historique. D'après les recherches les plus récentes dues à M. le marquis d'Oncieu et à M. Chapperon (Timoléon), Jacques de Montmayeur aurait bel et bien continué d'habiter son château, où il serait mort tout simplement dans son lit, en 1489, des suites d'une attaque de goutte. La ruine du château serait l'œuvre de Lesdiguière, et c'est au château d'Apremont que le crime aurait été perpétré.

MIOLANS AUTREFOIS ET NAGUÈRE

—

Un château était confié à la garde d'une
femme; cette femme était veuve et avait un fils
de dix-sept ans et quelques économies. Un mi-
sérable s'éprit de la mère, et résolut de se
débarrasser du fils, pour n'avoir à partager avec
personne son pécule et son affection. Il pénétra
dans le château, se fit accompagner par le
jeune homme qui remplissait ordinairement
les fonctions de cicérone dans ce monument vi-
sité par de nombreux étrangers. Quand le visiteur et son guide furent arrivés dans la salle
dite des oubliettes, l'un tombe sur l'autre à bras
raccourci, une lutte s'engage, le guide résiste
avec vigueur, et tout cela dura assez longtemps
pour permettre l'arrivée de quelqu'un qui mit
le holà. Le guide, assez dangereusement blessé,
reçut aussitôt les secours nécessaires et le visi-

teur fut emmené en prison, d'où il n'est sor
que pour retourner aux galères.

Vous pensez que cette histoire date de tro
siècles au moins. Eh bien, cela est arrivé il y
trois années au plus, et le château dont il s'agi
c'est le château de Miolans.

Il faudrait un volume pour décrire le monu
ment, et combien en faudrait-il encore pou
écrire son histoire? Nous n'entreprendrons i
l'un ni l'autre. Mais nous ne pouvons résister a
devoir de signaler les principaux prisonnier
qui séjournèrent dans cette prison d'Etat, ca
le château de Miolans fut une sorte de Bastil
pour les comtes et les ducs de Savoie et mêm
pour les rois de Sardaigne.

Dans une longue liste des prisonniers d
marque on cite notamment l'héroïque Jacquelin
de Montbel, comtesse d'Entremont, veuve d
l'amiral Coligny; le courageux Père Monod, jé
suite, victime de la haine du cardinal Richelie
et de la faiblesse de la princesse Christine d
Savoie; le révérend Meynier, chanoine de l
Sainte-Chapelle de Chambéry, dont nous avon

consigné le crime dans la légende que nous avons consacrée aux dames du Betton ; le noble historien Pietro Giannone et son fils, poursuivis par la sainte Inquisition; le fameux faussaire Lavini, complice du président de commerce de Turin et qui, par l'habileté de sa plume, était parvenu à contrefaire utilement les signatures les plus accréditées; l'infàme marquis de Sade, etc.

Ce château, vendu par le gouvernement sarde avec la condition imposée par le vendeur à tout acheteur à venir, que le château ne serait pas détruit, a appartenu depuis à plusieurs propriétaires, parmi lesquels M. Barjaud, ancien notaire, banquier, qui se proposait de le restaurer ; M. Sorbon, fabricant de gants à Chambéry et qui s'est distingué pendant la guerre de 1870 en sa qualité de capitaine de mobiles; et enfin M. Guiter, le premier préfet républicain de Chambéry, mort à Paris en 1872. Il est demeuré aux mains des fils de ce dernier, qui ont donné tous les ordres nécessaires pour que le visiteur y soit constamment bien accueilli.

LA RÉVOLTE DES ARVAINS

—

Les Arves sont une des régions de la Maurienne, comme les Cuines, les Urtières et autres subdivisions qui ont été effacées sur les cartes de géographie, mais qui se sont néanmoins maintenues dans la contrée.

Le bassin des Arves, où se trouvent réunis les villages de Villarembert, Fontcouverte, Jarrier, Saint-Sorlin, Montrond, et le plus important de tous, Saint-Jean-d'Arves, fut, dans la première moitié du xive siècle, le théâtre de grands événements. Nous voulons parler de la révolte des Arvains contre la tyrannie de l'évêque Aymon II, de Miolans, leur seigneur suzerain. Un beau jour, ces montagnards s'emparèrent du château épiscopal, mirent en fuite l'évêque et ses chanoines. Le prélat et son chapitre trouvèrent un asile contre les révoltés dans la collégiale d'Aiguebelle, ville qui appartenait au comte de Savoie.

L'évêque, impuissant à apaiser cette insurrection, pria le comte Edouard de venir à son aide. Pour prix de cette intervention, il associa le prince à sa juridiction temporelle, et lui abandonna la plus grande partie des domaines qu'il possédait dans la Maurienne.

Voilà le fait sur lequel tous les historiens sont d'accord; mais où ils diffèrent, c'est sur la cause qui détermina de paisibles montagnards à s'insurger comme de simples Parisiens. Les uns font entendre que le désir d'appartenir au duc de Savoie, dont les sujets paraissaient jouir d'un sort plus heureux que le leur, avait suffi pour leur faire prendre les armes contre leur évêque dont le joug n'était pas léger. D'autres laissent croire que la honte de subir le droit du seigneur était la seule cause du soulèvement. Et voici, selon ces derniers, en quelle circonstance il aurait éclaté.

Dix-huit mariages avaient été célébrés le

même jour sur les terres de l'évêque de Maurienne. La cérémonie était à peine terminée que les gens de l'évêque vinrent réclamer les épouses. Ainsi le permettait le droit barbare de cette époque. Les nouveaux époux, refusant de céder à de telles prétentions, s'insurgent et en appellent aux armes pour soustraire leurs familles au déshonneur. Le chroniqueur Jean-Baptiste Alex nous a fourni ces éclaircissements ; mais chacun sait que si l'histoire n'est pas article de foi, la chronique n'est pas davantage obligée de l'être.

LES VERPILLIONS DE SAINT·JULIEN-DE·MAURIENNE

—

Je pense, donc j'existe, disait Descartes.

J'existe, donc j'ai droit à l'alimentation, disent les animaux, et au travail, disent les adeptes de certaines doctrines modernes.

C'est en vertu du principe invoqué tacitement par les animaux, qu'on fut obligé, dans plus d'une circonstance, de prier les vers blancs de vouloir bien se contenter d'un carré de choux qui leur était assigné, à inviter les cheni - les à faire leur régal d'une forêt où on prétendait les cantonner, et de sommer les verpillons d'avoir à faire leurs fêtes de légumes plus ou moins avariés qu'on leur abandonnait en toute propriété.

Il ne venait pas, en effet, à l'idée de nos

aïeux que Dieu eût pu commettre la faute de créér quelque chose de trop. Ils ne songèrent jamais à faire deux parts de la création, l'utile et la nuisible. Ils ne connaissaient que des créatures de Dieu et respectaient tout ce que Dieu avait cru devoir mettre en ce monde.

Mais il arrivait fréquemment que la créature, traitée avec tant d'humanité par les hommes, n'usait pas des mêmes égards à son tour. Quand elle pouvait envahir le domaine du voisin, elle n'y manquait pas. Et l'humanité était récompensée par des dilapidations terribles, qui amenaient la disette et la misère parmi les hommes, pendant que les animaux se fourraient des indigestions.

Il fallait bien se défendre. Les hommes se coalisèrent et ne trouvèrent rien de mieux que de faire un procès aux déprédateurs. On leur assura de quoi vivre, on les intima d'avoir à respecter le reste du capital social, et les tribunaux se prêtèrent à ces expédients.

Non loin de Saint-Jean-de-Maurienne, sur la grande route du Mont-Cenis, se trouve la commune de Saint-Julien. Ses riches vignobles produisent un vin estimé, mais ils sont sujets à être dévastés par un charençon qui, précurseur du *phylloxera vastatrix*, ne laissait pas de se faire redouter presque à l'égal de ce dernier. Ce charençon a aussi reçu un nom latin ; c'est la manière aux savants de trouver des remèdes à tous les maux. On l'appelle le *rhynotrites auratus*. Cela se traduit par amblevins dans le pays, et par verpillons dans le reste de la France.

Les verpillons parurent en si grand nombre en 1587 qu'il fallut aviser à s'en défendre. Par exploits d'huissier en due forme, on leur inhiba de se présenter dans les vignes, et on leur abandonna en usufruit toute une forêt voisine. Si le *phylloxera* voulait bien s'en arranger, le midi de la France lui donnerait sans façon toute l'étendue de la Camargue et la Cannebière avec.

Le procès dura si longtemps que les insectes y perdirent leur patience et consentirent, quand vint l'hiver, à s'en aller, plutôt que de prolonger indéfiniment les rapports nécessaires entre plaideurs et procureurs.

On dit qu'ils revinrent l'année suivante ; mais voyant que de nouveau les huissiers se mettaient en chemin, ils déguerpirent aux premiers froids.

Les habitants de Saint-Julien n'en sont pas moins persuadés qu'ils ont droit au prix offert par l'Institut à qui trouvera le moyen d'anéantir le *phylloxera*.

LE COMTE DE SAINT-GERMAIN

—

Voici ce qu'on lit dans le dictionnaire de Bouillé :

« Saint-Germain (le comte de) aventurier dont on ne connaît ni le nom ni la famille... Il fut présenté à la cour ; il plut à Mme de Pompadour et à Louis XV, qui l'admit dans son intimité... Cet homme mystérieux prétendait avoir vécu plusieurs centaines d'années et parlait de Charles-Quint, de François Ier et même de Jésus-Christ comme ayant vécu de leur temps et même dans leur familiarité. Il disait aussi posséder toutes sortes de secrets... »

Un jour il nous tomba sous la main un livre du plus grand intérêt. C'est l'*Histoire des blagues* par Barnum, l'homme du monde qui était le mieux fait pour traiter cette matière, car il est plein de son sujet.

Ce livre dit quelque part que le comte de Saint-Germain n'était autre qu'un grand blagueur. L'auteur ajoute que le nom que ce personnage s'était donné n'est autre que celui d'un village situé en Savoie où il avait reçu le jour. Il n'appuie son dire d'aucune preuve, mais ce n'est pas quand il fait l'histoire des blagues que Barnum est sujet à caution.

Nous croyons donc, sur la parole de l'inventeur de Tom-Pouce, que le comte de Saint-Germain, personnage légendaire s'il en fût, est un enfant de la Savoie, qu'il est né dans la commune de Saint-Germain, à quelque distance d'Albens, et qu'il nous appartient de revendiquer ce personnage pour un de nos héros et son histoire pour une légende dont notre pays peut tirer, sinon de la gloire, au moins un certain prestige.

En effet, il est un chapitre sur lequel le Français est sans rival, nous laissons à deviner lequel. Eh bien, il devient constant qu'en

cela il est surpassé par son annexé. Barnum déclare que la blague du comte de Saint-Germain
est des plus belles qui aient eu cours dans le
monde, et il s'incline devant elle. Recevons,
en bon prince, le coup de chapeau de Barnum,
mais que cela ne nous empêche pas de mériter
celui des honnêtes gens.

LE PASSAGE D'ANNIBAL

—

Il est de ces énigmes historiques dont chacun croit avoir trouvé le mot. Par où a passé Annibal quand il a traversé les Alpes? Quelle route a-t-il suivie? Quels sont les rochers dans lesquels il a creusé des escaliers au moyen d'infusion de vinaigre? Quelles sont les localités qu'il a rencontrées sur sa route? Dans quelles bourgades a-t-il fait étape? Voilà une foule de questions qui se réduisent toutes à une seule, c'est vrai, mais qui n'en sont pas moins encore autant de points d'interrogation.

Si l'on en croit les traditions populaires de la Savoie, il n'est pas de hameaux qui n'ait conservé à travers les temps le souvenir du passage d'une armée innombrable, agrémentée de toutes les armes qui étaient le propre des Carthaginois. Pour satisfaire tout le monde, il faudrait admettre qu'Annibal aurait passé partout. Transigeons; admettons, pour un bien de paix, que le grand capitaine, qui donna tant de fil à retordre aux vieux Romains, avait eu le bon esprit de diviser son armée en plusieurs corps, et qu'en prévoyance des vivres nécessaires, il a jugé convenable de ne pas faire passer tout son monde par le même chemin. Il fût resté peu de pendules à cueillir pour le second corps expéditionnaire, si celui-ci eût dû passer par où quelqu'un autre eût passé avant lui.

Pourtant, il est probable que toutes ces portions d'un même corps d'armée avaient été bien aises de trouver un col praticable quand ils eurent atteint la vraie chaîne des Alpes. Des bords du Rhône au pied du Mont-Cenis, la plaine présente un grand nombre de voies qui ont pu être parcourues par les détachements; mais quand vint la grande affaire, l'escalade des géants, quand il fallut recourir au vinaigre ou autres adjuvants moins hyperboliques que celui-là, nous supposons que la création d'une seule route à travers les rochers, les neiges et les glaces, est une affaire suffisante pour nécessiter le concours de l'armée tout entière. Concluons qu'Annibal a utilisé toutes les routes de l'Allobrogie pour arriver au pied des Alpes, et qu'il a traversé celles-ci par un seul point. Lequel ? Voici, à cet égard, l'avis de M. Th. Fivel, qui est en possession du plus grand crédit quand il s'agit des époques les plus nébuleuses de notre histoire.

On connaît le mot de Napoléon Ier. Les nombreux commentateurs de Polybe et de Tite-Live ne s'accordent point sur l'itinéraire de l'expédition d'Annibal, et les savants déraisonnent à ce sujet depuis des siècles. Mais Fivel a opéré des recherches et fait des découvertes qui permettent d'espérer qu'il n'y aura bientôt plus de doute possible sur le chemin suivi par Annibal, et qu'il se sera trouvé enfin un savant doué de raison.

Il existe, de Bramans à Termignon, des vestiges considérables d'un chemin plus que romain, gaulois, mais restauré par les Romains, chemin appelé dans la contrée chemin des Faux-Saulniers ou des Contrebandiers. Cette route est praticable pour les gens courageux qui ne craignent pas de traverser le col du petit Mont-Cenis, appelé aussi La Costaz. Elle traverse le village de Saint-Pierre-d'Estravasses, où se trouve l'église la plus ancienne de la Maurienne, et elle aboutit au lac du Mont-Cenis, d'où l'on découvre un panorama splendide sur ces belles plaines de cette belle Italie dont les Carthaginois auraient si volontiers fait leur domaine, si la résidence de Capoue n'eût pas eu, comme l'opium de Molière, une faculté dormitive.

Il nous a paru à propos de mettre en présence toutes les opinions qui se sont fait jour, tous les systèmes qui se sont produits relativement à l'itinéraire suivi par Annibal pour pénétrer en Italie. Nous disons tous, c'est trop ; car les Anglais, les Allemands et les savants de toutes les nations se sont aussi occupés de ce problème. Nous nous bornerons à donner les solutions françaises.

Système de Rivaz : — Vienne, Lyon, Saint-

Sorlin, Saint-Genix, Yenne, Seyssel, Genève, Thonon, Villeneuve, *Grand-Saint-Bernard*, Aoste.

Système Saint-Simon : — Passage du Rhône à Valence, Vienne, retour à Valence, Gap, Mont-Viso, Turin.

Système Replat : — Rive gauche de l'Isère, Pontcharra, La Rochette, Beaufort, *Col de la Seigne*, Courmayeur, Aoste.

Système Deluc, de Genève : — Montfaucon, Vienne, Bourgoin, Saint-Genix, Yenne, Chambéry, Montmélian, Conflans, *Petit-Saint-Bernard*, Aoste, Ivrée, Chivasso.

Système J.-J. Roche, de Moûtiers : — Vienne, Bourgoin, St-Genix, St-Paul sur Yenne, Lémenc, Bourg-Evescal, l'Hôpital, Salins, Aime, *Petit-St-Bernard*, Aoste, Ivrée.

Système Larauza : — Montfaucon, Valence, Grenoble, Hyères, Pontcharraz, La Chavanne, Aiguebelle, Lanslebourg, *Mont-Cenis*, Suse, Turin.

Système La Renaudière : — Même que Deluc, avec la différence qu'il fait suivre la rive gauche de l'Isère jusqu'à Montmélian.

Système Albanis de Beaumont : — Même que Larauza, jusqu'à Lanslebourg. De là Bessans, Lanzo et Turin.

Système du chevalier de Folard : — Montfaucon, Pont-St-Esprit, Nions, Serre, Gap, Embrun, *Mont-Genèvre*, Aulx, Suse, Turin.

Système Mann et Grosley : — Montfaucon, Valence, Vienne, Bourgoin, Saint-Genix, les Echelles, Lémenc, Montmélian, Conflans, Moûtiers, *Petit-Saint-Bernard*, Aoste, Ivrée, Turin.

Système Letronne : — Montfaucon, Valence, Grenoble, Vizille, Corps, Gap, Embrun, *Mont-Genèvre*, Suse, Turin.

Système Fortia d'Urban : — Montfaucon, Valence, Grenoble, Vizille, Bourg-d'Oisans, Briançon, *Col de Sestrières*, Pignerol, Turin.

Système abbé Ducis : — Pont Saint-Esprit, Vienne, Bourgoin, Aoste (Saint-Genix), Yenne, confluent du Fier, les Usses, Annemasse, Machilly, Saint-Gingolph, Martigny, *Grand-Saint-Bernard*, Aoste.

Système Jacques Meyssiat : — Traversée du Rhône à Bourg-Saint-Andéol, Valence, Vienne,

Saint-Genix, Novalaise, col de Novalaise, Lémenc
Montmélian, Saint-Jean, Lanslebourg, *Mont
Cenis.*

Système Fivel : — Traversée du Rhône
Châteaubourg, au confluent de l'Isère et d
Rhône, la Côte-Saint-André, le Grand-Lemps
Saint-Jeoire, Novalaise, le Mont-du-Chat, Saint-
Saturnin, Montmélian, Aiguebelle, Bramans
le *Petit-Mont-Cenis,* Suse et Turin.

Voilà des avis de tous les goûts. Nous n'au
rons la prétention ni d'en discuter ni d'en ap
puyer aucun, laissant à d'autres ce soin qu'i
leur plaît de remplir, et nous nous bornerons
faire des vœux pour que lumière enfin se fass
sur une affaire de telle importance.

L'ÉMIGRATION DU SAINT-SUAIRE

L'église appelée la Sainte-Chapelle de Chambéry eut longtemps l'honneur ineffable d'être dépositaire de l'une des plus célèbres reliques chrétiennes : le Saint-Suaire, que les princes de Savoie considéraient comme le palladium de leur famille. Personne n'ignore que le Saint-Suaire est le linge qui essuya la face du divin Sauveur montant au Calvaire. Cette relique a tous les caractères d'authenticité désirables ; cela fait paraître d'autant plus étranges les prétentions de Rome, de Gênes et de Besançon, à posséder également chacun un Saint-Suaire réputé non moins authentique.

Le Saint-Suaire avait été rapporté des Croisades par Godefroy de Bouillon lui-même. Voic comment il arriva en la possession de la maison de Savoie. Marguerite de Charnay, descendante de Godefroy, était de passage à Chambéry en

1452. Elle ne se séparait jamais du linge sacré, et, dans ses voyages, elle lui réservait une place parmi ses bagages. Anne de Chypre, épouse du duc Louis, fut assez osée pour demander à la voyageuse de vouloir bien lui faire présent de cet objet précieux. Il va sans dire que cette demande étrange fut assez mal accueillie. Marguerite opposa un refus énergique, qui prouvait son attachement à son trésor ; mais le trésor ne se montra pas animé des mêmes sentiments. Au moment où Marguerite donnait à son mulet le signal du départ, le mulet qui portait le Saint-Suaire, se refusa à lever le pied, et malgré toutes les excitations en usage dans pareille circonstances ; il s'obstina, en vertu de l'opiniâtreté traditionnelle de son espèce, à rester en place comme s'il y eût été cloué. Regardant cette résistance imprévue comme une manifestation éclatante de la volonté divine, Marguerite descendit de sa selle et céda aux prières de la duchesse de Savoie. Le Saint-Suaire fut déposé d'abord dans l'église du couvent de Saint-François, aujourd'hui la cathédrale, puis transporté plus tard dans la Sainte-Chapelle, où il fut déposé dans une châsse d'or et d'argent, enrichie de pierreries et richement travaillée, don de Marguerite d'Autriche.

La relique faillit périr dans l'incendie de 1532. Un miracle la sauva ; mais le miracle ne s'étendit pas sur la châsse ; la châsse fondit dans les flammes, tandis que le Saint-Suaire quelle renfermait n'éprouva aucune atteinte.

Lors de la peste qui ravagea la Lombardie, c'était en 1578, saint Charles Boromée fit vœu d'aller à pied visiter le Saint-Suaire. Mais le duc Savoie, voulant éviter au prélat la moitié du chemin, fit apporter la relique à Turin. Elle n'en revint pas. Les Savoyards firent les plus humbles instances pour que leur trésor leur fût rendu ; il n'en fut tenu aucun compte. Et voilà ce qui se pratique souvent dans le monde : on commence par dépouiller le passant et l'on finit par abandonner sur le pavé le malheureux qu'on a détroussé. Heureux est-il encore quand un voisin veut bien se l'annexer !

L'ERMITAGE DE SAINT-SATURNIN

A une heure environ de distance de Lémenc,
le chemin qui domine le cours de la Leysse
s'engage dans une gorge étroite, entre des rochers arides, et aboutit en une sorte de détroit
où se trouve une chapelle consacrée à saint Saturnin. Cette chapelle est le but de fréquents
pèlerinages, mais plus encore celui de nombreuses promenades excursionnelles de la part
des habitants de Chambéry.

Ce petit monument est situé au milieu même
du défilé ; il est adossé à une roche qui surplombe et forme une espèce de grotte. La nature
en est le principal architecte, l'art s'est borné à
clore l'entrée de la grotte et à y élever un porche
soutenu par deux colonnes. Sur le fronton du

porche on lit ces quatre vers, dont la facture laisse quelque chose à désirer, mais dont saint Saturnin n'aurait pas trop droit de se plaindre :

Fidèle de tout âge, infirme ou pèlerin,
Recours avec confiance au grand saint Saturnin.
Conduit dans ce saint lieu par la divine flamme,
On obtient guérison et du corps et de l'âme.

La preuve de cette assertion, c'est que l'auteur a été guéri de la maladie de faire des vers.

En face de la chapelle, une chétive maisonnette servit d'habitation pendant longtemps aux ermites qui s'y succédaient et prenaient soin de l'oratoire.

Autrefois le défilé était fermé par une muraille dont il existe encore quelques assises, et qui, selon les uns, était destinée à défendre les abords de Lémenc, et selon d'autres, était une barrière que ne devaient pas franchir les voyageurs venant à Chambéry des pays voisins où sévissait la peste. Quelques écrivains voient dans cette muraille un ouvrage des Romains. Quoi qu'il en ait été dans les temps anciens, c'est dans ce lieu qu'au moyen-âge se dressaient les fourches patibulaires de l'antique seigneurie de la Croix.

En 1814, les Autrichiens, ayant évacué Chambéry, se barricadèrent derrière les restes de la muraille de Saint-Saturnin ; mais les soldats français les délogèrent bientôt en emportant le retranchement au pas de course.

Mais qu'était-ce que saint Saturnin, dont le nom plane sur ces parages ? Il ne manquera pas de bollandiste pour lui faire son histoire ; mais il est de la dernière évidence que saint Saturnin n'est pas autre chose que l'incarnation chrétienne du dieu Saturne, auquel les Romains avaient élevé un temple en ce lieu, temple dont les ruines ont fourni les matériaux de la chapelle. Ce n'est plus un vieux dieu qui reçoit des offrandes, mais un jeune saint qui reçoit des hommages.

LA CONFESSION DU VOLEUR

—

La sûreté générale et la sécurité publique, qui sont devenues l'objet de la plus vive attention de la part des administrateurs dans tous les pays policés, étaient choses inconnues au moyen-âge. Les vols et les assassinats étaient alors de simples accidents, et, bien que leur répression fût d'une sévérité bien autre que celle qu'on exerce aujourd'hui, ces accidents étaient journaliers, à tel point qu'on n'y donnait qu'une faible attention. Leurs auteurs étaient pendus avec plus ou moins de supplices accessoires, et le lendemain il se trouvait des gens pour commettre de nouveaux crimes. Il n'y a pas là de quoi étayer bien solidement la nécessité de la peine de mort. Mais passons.

En 1515, on exécuta à Aix, qui depuis s'appela Aix-les-Bains, un malfaiteur appelé le Bâtard de Saint-Murys, et ailleurs le Bâtard du prieuré de Chindrieux. Avant de mourir, il déclara publiquement que la bande dont il faisait partie, et dont tous les membres étaient liés ensemble par un serment, était composée comme une société choisie, et renfermait au moins autant de nobles seigneurs que de roturiers. Les noms révélés par le patient sont inscrits au procès-verbal.

Quelques jours après cette exécution, un autre membre de la même association était exécuté à Chambéry. Il ne voulut pas demeurer en reste avec son collègue, en fait de révélations, et il raconta en long et en large le plan d'un complot qui n'a manqué son effet que de deux doigts, complot qui dénote chez ces bandits une singulière audace.

M. Chapperon nous raconte cette histoire dans son livre remarquable intitulé : *Chambéry au XIVe siècle*. Ces bandits, dit M. Chapperon, avaient formé le projet de se déguiser en pèlerins, le dimanche avant les Rameaux et de se rendre tous à Chambéry, par des chemins différents, sous figure de visiter le Saint-Suaire qui était déposé dans la Sainte-Chapelle. Une fois réunis, leur dessein était de s'emparer par surprise et par violence de plusieurs personnes, et entre autres du lieutenant général de çà les monts et de son fils François encore enfant. Il s'agissait de les conduire en Allemagne, et le lieutenant général ne devait jamais en revenir.

Le lieutenant général était messire René Bâtard de Savoie ; il est probable qu'il gênait ces honnêtes gens dans l'exercice de leur industrie, car c'est à lui qu'ils en voulaient le plus. En s'emparant de son fils en même temps, ils espéraient que sa mère, qui avait une grande affection pour cet enfant, leur abandonnerait volontiers tous ses trésors pour sa rançon. La prise du trésorier devait les mettre à même de s'emparer de tous les écus dont il avait la garde ; la capture de ses registres devait leur permettre de faire main basse sur l'argent des tailles. Ils étaient bien résolus de faire parmi les grands personnages le plus de prisonniers qu'ils pourraient. Si le lieutenant général et son fils leur échappaient, ils devaient se cacher dans les bois des environs de la ville pour y attendre un moment plus opportun.

Pour mettre à exécution ce vaste projet, ils comptaient rassembler tous les malandrins possibles. Il s'agissait même d'envoyer des exprès à Autun, et de faire venir à Saint-Genix-d'Aoste quatre-vingts compagnons bien résolus. Quarante cavaliers devaient venir de Sainte-Hélène, vingt autres devaient traverser le Mont-du-Chat et arriver par le Bourget ; douze autres devaient venir d'Aix ; chacune de ces troupes de cavaliers devait être accompagnée de bon nombre de fantassins. Les lieux où ils devaient laisser leurs chevaux sellés et bridés étaient fixés ; tout semblait être calculé pour le mieux, et l'affaire paraissait devoir forcément réussir. Mais l'excès même des précautions la fit manquer, comme cela arrive le plus souvent dans ces sortes de choses. Quelques individus de la bande ayant été envoyés en avant à Chambéry pour sonder le terrain et prendre les dernières mesures, une circonstance fortuite fit arrêter l'un d'eux et successivement les autres. La justice se trouva alors sur les traces de l'entreprise et il n'en fallut pas davantage pour la faire échouer.

Pacquet (c'est le nom du supplicié), dans ses aveux, fit connaître tous les détails du complot, recommandant au lieutenant général de continuer à se tenir en garde contre ceux-là même qui l'approchaient de plus près, et d'être circonspect sur ce qu'on lui servait à boire et à manger.

Cette affaire ne paraît pas du reste avoir eu d'autres suites.

LE PRIEURÉ DE MATTACÈNE

—

Notre infatigable archéologue, M. Mailland, qui s'est imposé la tâche d'écrire l'histoire du Bordeau, du Mont-du-Chat, du Bourget-du-Lac et du lac du Bourget, tout ensemble, vous dira, dans son ouvrage qui est sous presse, l'origine du mot Mattacène ou Matassine, qui est encore celui d'un hameau de la commune du Bourget, et qui était autrefois celui d'un prieuré d'une grande importance. L'histoire a son homme, la légende réclame le sien.

Au-dessus du village qui donne son nom à ce lac que Lamartine appelait le sien, on trouve un grand nombre de vestiges anciens qui portent le caractère des œuvres des Romains. Un acqueduc souterrain, qu'on nomme la Golette des Fayes (le trou des fées), est un de ces travaux auxquels les soldats de César consacraient leurs loisirs. Tous ces vestiges de l'antiquité se rencontrent dans le voisinage du hameau qui porte le nom de Matassine. En effet, ce hameau était autrefois le plus important et en même temps le plus redoutable de la contrée. Comme importance, il a cédé le pas au Bourget, et en fait de terreur il a perdu depuis longtemps tout prestige.

Vers l'an 1030, Oddon, abbé de Cluny, revenait d'Italie. Accablé de fatigue et atteint d'une mauvaise fièvre, il s'arrête au village de Matassine, chez un vertueux prêtre qui desservait l'église paroissiale. Dans un de ces accès de fièvre où l'on croyait qu'il allait rendre l'âme, il vit en songe saint Maurice tenant en main une croix lumineuse, et le comte Amédée de Savoie qui aidait le saint à dresser cette croix sur la colline de Saint-Jean, proche de Matassine. Cette opération terminée, saint Maurice s'approcha du malade et, par un simple attouchement, le guérit aussitôt.

Le lendemain Odilon se mit en marche pour

Aix, où se trouvaient alors le comte Humbert-aux-Blanches-mains et son fils Amédée, celui-là même qu'il avait vu en songe. Après l'explication qu'Oddon lui fit de sa vision miraculeuse, le prince Amédée, reconnaissant la manifestation de la volonté de Dieu, fit ériger un prieuré sur la colline de Saint-Jean et en fit donation à l'abbé, avec adjonction d'un petit domaine.

Au pied de la colline de Saint-Jean vinrent se grouper quelques habitations de pêcheurs ; elles devinrent même bientôt si nombreuses que leur ensemble constitua un hameau plus important que celui de Matassine. Or, il était d'usage alors déjà que le plus grand nombre imposât sa volonté au plus petit. Dès lors le Bourget exigea que le prieuré fût transporté dans son sein, et le prieuré obéit. Les matériaux du prieuré de Matassine descendirent au Bourget, ils se groupèrent à peu près dans le même ordre qui leur avait été imposé sur la colline de Saint-Jean. Le bâtiment ne fit que changer de place et que se rapprocher du niveau de la mer en s'approchant des rives du lac.

LE CHAT DU MONT

—

Nous l'avons dit ailleurs, la dénomination du Mont-du-Chat dérive d'un mot celtique qui signifie *bois*, un chàble : chemin à bois, et qui n'est autre que le radical des mots chalet, châbles et peut-être Chablais. Mais la tradition et la légende ne sont pas de leur nature fortes sur les étymologies ; elles s'arrangent mieux des rêves de l'imagination populaire. Un ancien chroniqueur, Joannes Reinerius, nous fournit à l'appui de nos dires un conte qui s'est perpétué jusqu'à nous.

A une époque indéterminée, la montagne qui porte aujourd'hui le nom de Mont-du-Chat était, dit le chroniqueur, couverte de forêts épaisses. Nous retenons ce fait en faveur de notre thèse. Il ajoute que ces forêts recelaient une bête furieuse ressemblant à un chat énorme, et qui épouvantait si fort les habitants de la contrée qu'ils n'osaient se risquer à traverser la montagne sans être nombreux et bien armés.

Mais les Hercules furent de tout temps des êtres de raison qui arrivent à point nommé dans les marais de Lerne ou dans les écuries d'Augias; pourquoi ne s'en serait-il pas trouvé un sur le Mont-du-Chat?

En ce temps-là, il advint, en effet, que le roi Artus, le héros du cycle de la Table-Ronde, dut franchir cette montagne pour entreprendre quelque expédition périlleuse au-delà des Alpes. Ce monarque était accompagné de quantité de chevaliers et de l'enchanteur Merlin, né, dit-on, du commerce d'un démon avec une fille vierge. Il fallait avant tout livrer bataille au monstre qui défendait le passage; mais la force étant impuissante contre lui, on eut recours à la ruse. Quel est le stratagème qui fut mis en pratique? La chronique ne nous renseigne pas jusque-là; mais elle affirme que le chat monstrueux qui désolait ces parages fut attiré dans un piége où il se laissa prendre comme un simple *Fra-Diavolo*. Tant est que, dès lors, la montagne que le roi Artus délivra du monstre qui en rendait l'accès périlleux, est devenue le Mont-du-Chat.

———

LA CHAPELLE DE SAINT-ANTHELME

—

Quand on sort du village de Myans, par un chemin bordé de croix servant de stations à un Calvaire, on descend vers les marais de Chignin, assainis et livrés à la culture depuis quelques années. Sur le coteau se dressent quatre tours féodales, débris d'un castel de la famille de Chignin que l'on fait remonter au XIIIᵉ siècle et qui a disparu. Deux tours carrées et deux tours rondes, qui se ressemblent en ceci qu'elles n'ont pas plus de toitures les unes que les autres, c'est tout ce qui demeure de cet antique manoir. Elles sont ouvertes à tout venant, rongées par le temps, qui est un puissant auxiliaire des révolutions. Voilà tout ce qui rappelle ce qui fut le château de Chignin, l'un des plus beaux et des plus forts de l'ancienne Savoie féodale.

Aujourd'hui, au milieu des amas de pierrailles, croissent des vignes qui produisent un des vins les plus estimés de la contrée.

La houe des vignerons a récemment remis au jour un certain nombre d'objets anciens, entre autres deux tombes de pierre renfermant des squelettes, dont l'un tenait en main une petite clochette de cuivre. Etait-ce peut-être le président d'une assemblée législative qui s'était fait enterrer avec son principal attribut? Personne ne saurait tirer au clair cette grave circonstance. Dans un caveau qui débouche au pied d'une des tours, et qui probablement fut autrefois un cachot, on a trouvé des instruments de torture qui ont été déposés au musée de Chambéry. C'était surtout un collier de fer hérissé intérieurement de pointes aiguës, qu'on passait sans doute au cou du contribuable inhabile dans l'art de payer la taille ou du voyageur récalcitrant à l'endroit de la rançon.

Or, c'est au château de Chignin que naquit le vertueux saint Anthelme, coadjuteur de la chartreuse de Saint-Hugon, puis général de l'ordre, et enfin évêque de Belley. C'eût été commettre une impardonnable négligence que d'ajourner plus longtemps la création d'un nouveau temple par ce temps de pieux pèlerinages. Un sanctuaire s'élève en l'honneur de saint Anthelme sur les ruines mêmes du château qui lui donna le jour, et en face du sanctuaire de Myans. Espérons que ce nouveau but de promenade pour les fidèles ne portera ni ombrage ni dommage à celui de la Vierge noire, qui a déjà répandu tant de bienfaits autour d'elle, et que chartreux et jésuites vivront entre eux dans la meilleure intelligence.

FONDATION DE L'HOSPICE
DU MONT-CENIS

—

Il n'entre pas dans notre cadre de décrire le Mont-Cenis d'autrefois, pas plus que celui d'aujourd'hui. Si la main des hommes a considérablement modifié l'œuvre de la nature, il n'en subsiste pas moins que le col qui donne accès à l'Italie fut de tous les temps un passage éminemment périlleux, et qu'il n'a pas encore cessé de l'être pour le voyageur qui n'a que sa gourde et sa besace pour l'aider à franchir les distances. L'hospice qui existe au point où le danger est le plus retoutable a donc conservé toute son utilité primitive, avec cette différence, toute en faveur de son existence actuelle, qu'aujourd'hui les riches ne le visitent plus que pour leur plaisir et que les indigents sont devenus ses hôtes de tous les jours.

On dit aussi qu'Annibal a passé le Mont-Cenis, que Marius et Pompée le passèrent à leur tour, que Constantin le traversa aussi plus tard ; mais il reste, au sujet du passage de ces grands personnages, des doutes qu'il ne nous incombe pas d'éclaircir. Nous n'entendons pas remonter plus haut que les temps connus de tout le monde, et la légende, quand elle se fait historique, veut être plus vraie que l'histoire.

Pepin et Charlemagne pénétrèrent tous les deux en Italie par le col du Mont-Cenis ; c'était la marotte alors des rois de France de guerroyer au-delà des monts. Sous le moindre prétexte, on déclarait la guerre aux Lombards qui avaient trop d'argent, et pour d'autres motifs plus sérieux on dépouillait ces banquiers du moyen-âge en faveur d'un être de raison qui devint bientôt, à ce compte-là, un grand personnage. En souvenir de la tourmente que les troupes françaises y avaient essuyée, Louis-le-Débonnaire fit construire au sommet du col une sorte de maison de refuge qui prit plus tard de plus grandes proportions. Mais les fondements de l'institution étaient jetés, et c'est à Louis-le-Débonnaire que nous en sommes redevables. Charles-le-Chauve fut un des premiers hôtes qui en connurent les bienfaits. Il y reçut quelques secours contre la maladie dont il mourut peu après et qu'on attribua à un empoisonnement.

Plus tard, le passage du Mont-Cenis devint une expédition relativement facile, car tous les peuples qui guerroyèrent contre l'Italie ont passé par-là. Les troupes de François Ier et d'Henri II s'y montrèrent à plusieurs reprises ; Lesdiguières essaya d'y bâtir un fort pour y arrêter les Piémontais ; Catinat l'occupa momentament avec un grand corps d'armée. Cependant, la guerre n'était pas la seule cause déterminante de semblables entreprises. En effet, la princesse Christine de France et son époux, Victor-Amédée Ier, séjournèrent avec leur cour sur l'emplacement même où se trouve l'hospice et où l'on avait, à cette occasion, dressé des tentes pour abriter les augustes touristes.

Mais il était réservé à Napoléon Ier d'achever cette œuvre considérable et de fonder définitivement l'hospice du Mont-Cenis dans toutes les conditions admirables qui l'entourent. Par un arrêté du 2 ventôse an IX, le premier Consul ordonna l'établissement sur le Mont-Cenis d'un hospice à l'instar de celui du Grand-Saint-Bernard. L'emplacement choisi fut celui-là même sur lequel Louis-le-Débonnaire avait fondé l'hôpital du pèlerin. La Nation ayant déjà vendu les biens de l'hospice, on les racheta. Napoléon attribua à l'établissement un revenu annuel de 20,000 francs et il en confia la direction à dom Antoine Gabet, ancien abbé de Tamié, qui fut installé dans ses fonctions par M. Bellemain, sous-préfet de Saint-Jean-de-Maurienne, le 20 frimaire de l'an X.

Dom Gabet mourut en 1813 ; deux autres religieux de Tamié lui succédèrent dans la direction de l'hospice du Mont-Cenis ; puis, en 1837, la communauté fut supprimée, et le roi de Sardaigne ordonna que l'hospice fût remis à l'évêque de Maurienne, qui en prit aussitôt possession et ne s'en est jamais départi.

LA POTERIE DE LA FOREST

—

Les faits les plus authentiquement constatés
présentent néanmoins leur côté légendaire. Il
semble que l'histoire s'associe au poète épique
pour lui fournir ce merveilleux dont le poème
ne saurait être privé sans perdre beaucoup d'intérêt.

Un ouvrage d'une importance considérable
commence à produire autour de nous une certaine rumeur. On en parle tous les jours parmi
les hommes qui se tiennent au courant des
idées, et pourtant il n'a pas encore paru. On n'en
sait, jusqu'à présent, que ce que peut vous en
donner à penser la table des chapitres publiée
par les journaux de la localité ; cependant, bon
nombre d'indiscrets pourraient vous en dire
davantage.

C'est l'ouvrage dont M. Barbier, directeur des douanes, vient de donner communication à l'Académie de Savoie, qui nous suggère ces réflexions. L'objet de cette œuvre éminente, et qui est appelée à faire sensation, n'est rien moins que l'histoire de toutes les branches de l'industrie savoisienne, ou plutôt savoyarde. L'auteur, mieux placé que personne, c'est vrai, pour se procurer les éléments nécessaires à sa tâche, a mieux aussi que personne le talent de dénicher les titres, de grouper les faits, d'assembler les molécules et d'élever un monument précieux avec une poignée de matériaux épars. Son travail a obtenu les suffrages des académiciens de Savoie qui, en matière semblable, sont plus compétents qu'en fait de poésie, et c'est aux frais de l'Académie que l'ouvrage sera publié.

M. Barbier enregistre tous les pas, tous les progrès accomplis par l'industrie dès la première manifestation au sein de nos montagnes de cette source incalculable de richesse et de bien-être. Il la prend dans tous ses attributs et la suit jusqu'au point où elle est parvenue. L'industrie métallurgique, entre autres, fournit une série de pages éminemment intéressantes. Les petites industries ne sont point dédaignées pour cela ; la poterie a une grande place à ce soleil, et la faïencerie y figure en bon rang.

L'histoire de la faïencerie nous présente un côté qui appartient à la légende, et c'est de cette partie de l'ouvrage que nous nous emparons.

M. Barbier a rencontré les traces profondes laissées par un établissement d'une grande importance et l'on a grand peine à déterminer aujourd'hui l'emplacement qu'il occupait. Il s'agit de la manufacture de faïence fine et commune de La Forest. Par un brevet royal daté du 20 janvier 1730, le sieur Bouchard a été autorisé à doter la contrée de cette industrie, et à cette autorisation étaient jointes certaines franchises destinées à protéger l'entreprise.

Les produits de la faïencerie de La Forest ont eu assurément une certaine réputation. Auguste Dearmin, qui passe pour un des auteurs les plus complets qui se soient occupés des faïences

et des faïenceries, publiait, en 1867, une page
sur cet établissement. Mais — c'est ici que la légende rentre dans ses droits, — semblable à ce
personnage qui prenait le Pirée pour un homme,
Dearmin prend le nom de la localité où était
située la manufacture pour le nom du manu-
facturier : « La Forest, en Savoie, dit Dearmin,
« faïence à émail stannifère. M. Jules Michelier
« possède un légumier tout à fait dans le genre
« de celui du Moustier-Sainte-Marie (Basses-
« Alpes), *signé* : La Forest en Savoie 1782. »
Daté de La Forest, passe, mais signé !...

La pétition du sieur Bouchard, concession-
naire de l'entreprise de La Forest, ne désigne
pas clairement l'endroit où il comptait établir
son industrie. Il se borne à dire que La Forest
est distante de quatre lieues de Chambéry. En
raison de l'effacement complet de cet établissement dans la mémoire de la population, on est
réduit à supposer que La Forest était située sur
le territoire de Saint-Ours. Ce n'est donc pas
seulement aux châteaux et aux monastères que
92 a porté ses coups d'assommoir ; voilà une fa-

brique qui, à cent cinquante ans de sa création, a disparu sans laisser la moindre trace dans les souvenirs.

LA CATASTROPHE DE LA BARONNE DE BROC

—

Ceci n'est malheureusement que trop vrai. L'imagination n'a rien eu à ajouter pour faire d'un accident une affreuse catastrophe. Il n'a rien été inventé à cet égard, si ce n'est peut-être quelque partie du récit que vous subissez au bord du précipice, quand vous avez la bonhomie de prêter l'oreille aux doléances des mendiants qui assiégent ces parages.

C'était le 13 juin 1813. Deux 13 à la fois, c'est trop. Qui sait même si ce n'était pas un vendredi? La reine Hortense, qui avait voué à la ville d'Aix-les-Bains et à ses environs une affection toute particulière, faisait de fréquentes promenades à travers une population qui lui rendait, par ses naïfs hommages, ce qu'elle recevait de la reine en grâces et en bienfaits. Ce jour, elle allait voir la cascade de Grésy. Il avait plu la veille, l'eau devait être abondante, et le spectacle de sa chute, majestueux. Accompagnée de Mme la baronne de Broc, dame du palais, de Mlle Cochelet, sa lectrice, et de M. d'Arjuzon, son premier chambellan, elle se fit conduire aux moulins. Le meunier, qui s'appelait Antoine Collet, conduisait la reine ; elle avait accepté son bras sans plus de façon. Il s'agissait de passer sur une planche qui servait de passerelle, la reine donna la main à son guide et fut en un clin d'œil transportée à l'autre bord. Quand vint le tour de la baronne, le meunier lui tendit la main, mais elle crut pouvoir s'en passer ; le pied lui glissa, elle tomba et disparut.

Il va sans dire que tout le monde se mit aussitôt à sonder le gouffre ; mais ce n'est qu'après une heure de recherches qu'on finit par trouver le cadavre de la malheureuse baronne au fond d'un de ces innombrables entonnoirs qui constituent le lit du Sierroz. C'est comme un rayon de miel. Les alvéoles sont innombrables, et l'on n'arriva à celle qui enveloppait la victime qu'après avoir exploré inutilement toutes celles qui se trouvent à l'entour.

Le pauvre qui vous barre le passage, aujourd'hui, lorsque vous allez visiter le théâtre de cette cruelle catastrophe, n'est autre, vous dit-il, que le sieur Claude Coudurier, qui retira le corps inanimé de Mme de Broc. D'aucuns assurent que ce pauvre est déjà la seconde incarnation du sauveur. Les Claude Coudurier sont à Grésy comme les cannes de Voltaire à Fernex. Quoi qu'il en soit de ce personnage, il n'en est pas moins constant que le meunier actuel est doué d'un excellent cœur et sait exercer dans son petit mais historique domaine la plus affectueuse hospitalité. Or, quand vous vous aventurerez sur la passerelle actuelle, qui ne présente guère plus de sécurité que l'autre, ayez devant les yeux cette recommandation que l'inconsolable reine a fait graver sur la pierre placée sur le lieu même où Mme de Broc perdit la vie :

O vous qui visitez ces lieux,
N'avancez qu'avec précaution sur ces abîmes :
Songez à ceux qui vous aiment !

L'ABBAYE DE TAMIÉ

—

Quittez les bords de l'Isère à Saint-Vital et mettez-vous en devoir d'escalader la montagne. La tâche est rude, mais vous visiterez l'abbaye de Tamié et vous oublierez vos peines. Au fond d'une combe charmante et sur les bords d'un frais ruisseau, vous apercevrez, du chemin que vous suivrez, le gracieux village de Plancherine ; puis vous entrerez dans une gorge traversée par une voie romaine et pavée de cailloux cyclopéens. A peu de distance de Plancherine, dans l'endroit le moins sauvage de la contrée, existe une sorte de manoir de plaisance. Il fut bâti par l'abbé de Tamié, Jacques-François Chevron, et portait le nom de la Tour. Mais les gens du pays lui ont substitué la dénomination de Tour Gaillarde, et ce n'est peut-être pas sans motif, car il est de tradition que le prélat en avait fait son Ripaille.

Mais continuons notre route, passons devant la chapelle qui est consacrée à la Vierge et à saint Bernard et dont les patrons vivent entre eux en parfaite intelligence. Demandons-leur les forces nécessaires pour arriver au sommet du col de Tamié, où se trouve l'abbaye dont notre compatriote regretté, M. Burnier, a dressé une monographie du plus puissant intérêt. Ce lieu était, dit-il, le rendez-vous de tous les gentilshommes du pays. A l'époque des vendanges, la vallée retentissait des aboiements des chiens, du bruit des fanfares et des chants des joyeux convives de l'abbé, et cela, dans les lieux mêmes que les anciens moines de Bellevaux avaient sanctifiés par leurs prières et arrosés de leurs sueurs.

Dans les temps les plus reculés, le col où se trouve aujourd'hui l'abbaye était un passage dangereux, et les crimes qui s'y commettaient journellement par les brigands auxquels les forêts voisines servaient de repaire lui fit donner le nom significatif de Coupe-gorge. Mais le comte de Savoie, Amédée III, ayant fait pendre aux arbres qui bordaient le chemin quelques-uns de ces bandits, la sécurité publique parut se rétablir. Plus tard, en 1129, un sanglant combat se livra sur le col même, entre Amédée et le comte de Genevois. Le premier y fit ériger une chapelle en actions de grâce de sa victoire. Six ans plus tard, saint Pierre de Tarentaise y fonda un monastère de l'ordre de Citeaux et en fut le premier prieur.

Les premières cellules furent habitées par des moines tirés de l'abbaye de Bellevaux, en Bauges. Bâties en terre et en bois et couvertes en paille, elles furent deux fois dévorées par le feu. Les seigneurs du voisinage se chargèrent de les relever avec leurs pieuses libéralités. A la fin du xviie siècle, on reconstruisit le couvent en entier, à peu de distance de l'ancien et sur un emplacement jugé plus favorable à la santé des religieux.

Cette communauté sontint pendant plusieurs siècles des luttes continuelles contre les princes de Savoie qui prétendaient s'immiscer dans la

nomination des abbés. Mais cela ne l'empêcha
pas de se livrer au désordre et d'abandonner
petit à petit tous les préceptes du pieux fondateur. Elle marchait rapidement à sa ruine, lorsque l'abbé La Forêt de Somont l'arrêta sur la
pente qu'elle suivait, en y introduisant l'ordre
de la Trappe. Les religieux qui ne voulurent
pas reconnaître la règle nouvelle furent envoyés
dans d'autres monastères. La réforme de l'abbé
de Rancé se fit donc sentir jusqu'aux pieds des
Alpes; Tamié fut même un des premiers établissements qui l'ait adoptée. Dès ce jour, les
désordres cessèrent. Les moines se chargèrent
d'effacer de l'esprit du public le souvenir des
scandales causés par leurs prédécesseurs, et d'é-
difier les populations voisines par la pratique
de toutes les vertus.

Nous avons raconté ailleurs le pieux stratagème que mit en pratique l'abbé dom Gabet
pour soustraire les richesses de l'abbaye au domaine national en 1792. Mais les immeubles dé-
pendant de l'abbaye n'en furent pas moins aliénés
en faveur de quelques spéculateurs. En 1825,

ces immeubles furent réunis dans les mains d'un seul propriétaire. Enfin, en 1861, les trappistes de la Grâce-Dieu ayant acheté Tamié, y envoyèrent une colonie des leurs sous la direction de dom Malachie Regnault, auquel succéda, en 1871, dom Théodore, prieur actuel de la nouvelle maison des disciples de l'abbé de Rancé.

LE COCHE DE VALENCE

—

La Savoie possédait, il y a quelque vingt ans
à peine, une école de droit et une école de médecine. Les études s'y faisaient primitivement
au complet et l'on pouvait devenir docteur en
droit à Chambéry, à la seule condition d'aller
soutenir sa thèse devant quelque université de
premier ordre. Le gouvernement se montrait
assez indifférent sur le choix de la Faculté, et il
agréait volontiers les titres acquis à l'étranger
sur le même pied que ceux délivrés à l'intérieur.
Aussi les étudiants de Chambéry allaient-ils
d'ordinaire prendre leurs grades à Valence, en
Dauphiné, et nos avocats savoyards étaient-ils le
plus souvent des avocats français.

Plus tard, on écorna les cours, et l'on ne laissa subsister à Chambéry que ceux des premiè-

res années ; puis on en vint à les supprimer tout-à-fait. Nous ne dirons pas toutes les doléances et toutes les réclamations auxquelles se sont livrés les habitants d'une capitale qui perdait ainsi l'un de ses plus beaux priviléges. Ce n'était pas, du reste, la première fois que Chambéry s'était récrié contre les procédés d'un gouvernement qui, petit à petit, dépouillait la capitale du duché en faveur de celle du royaume.

Au commencement du XVIIIe siècle, le roi avait ordonné que les habitants de la Savoie, iraient prendre leurs grades universitaires à Turin. Vous pouvez juger, par le souvenir des mesures analogues prises dans les temps plus récents, de l'effet que produisit alors cette royale prescription. L'opinion publique s'irrita contre cet assujettissement, et, malgré les ordres les plus précis, les étudiants en droit continuaient d'aller se faire graduer à Valence, où, disait-on, l'on se montrait moins difficile. Le gouvernement déploya à cet égard une ténacité véritable, mais presque sans succès. Ses rigueurs n'obtinrent pas de meilleurs résultats.

Mais ce que l'autorité du souverain n'avait pu obtenir, une simple pasquinade, une farce de carnaval l'opéra. En ces jours renouvelés des saturnales où tout était permis à l'opposition, le gouvernement pensa que lui aussi pouvait bien se permettre quelque chose. es agents l e plus haut placés, les commandants de place, organisèrent la chose, avec assez de discrétion, bien entendu, pour qu'on ne pût pas supposer d'où le coup était parti. On plaça dans un carosse et l'on promena dans les rues de Chambéry deux petits ânons habillés en avocats avec cette inscription : *Le coche part pour Valence.* Cette raillerie eut un succès prodigieux ; on se fit une honte d'aller à Valence, et l'on s'accoutuma à passer les Alpes tête nue pour en revenir avec le bonnet de docteur.

LA COUSEUSE DE MOTZ

—

Motz fait partie de cet ancien *pagus* qu'on appelait la Chautagne ; elle en occupe la partie la plus étranglée, et se termine sur une falaise très ardue, qui forme un promontoire à la jonction du Fier et du Rhône.

Or, il existe dans toute la Chautagne un usage assez singulier et qui ne semble pas près de tomber en désuétude. Dans cette contrée, quand une personne est à l'agonie, tous ses proches se retirent et l'abandonnent pour la laisser mourir en paix On mande le *couseur* ou la *couseuse*, suivant les sexes, et ces pauvres gens, dont l'office est rétribué par le droit d'emporter la dépouille du mort, se mettent aussitôt en devoir de remplir leurs tristes fonctions. Le couseur s'approche du lit de l'agonisant ; il tient d'une main une lampe funéraire et de l'autre un rameau trempé dans l'eau bénite; sur son épaule il porte le linceul et les autres objets nécessaires à son lugubre ministère. Mais il est toujours seul avec le mourant et reste seul encore auprès du mort.

Il peut arriver facilement que le mourant soit pris pour un mort et traité comme tel. On raconte en effet qu'en 1805, une couseuse, trompée par son impatience, à l'égard d'une jeune fille de dix-huit ans, n'attendit pas le dernier soupir de celle-ci pour procéder à son opération. La jeune fille se réveilla sous la douleur que lui causa la piqûre de l'aiguille de la couseuse, qui s'enfuit à toutes jambes. La ressuscitée survécut quelques jours seulement à la fatale précipitation de la *couseuse*, mais nous ne pensons pas que la commune de Motz ait renoncé pour cela à l'usage déplorable que nous venons de signaler.

LES MALDONNE DE DE VIRY

—

C'était un dimanche, le 23 juillet 1514. Plusieurs seigneurs se trouvaient réunis auprès du duc de Savoie, Charles III, en la grande salle du château de Chambéry. Pour passer le temps, le duc entreprit une partie de cartes avec les nobles de Viry et de Chaffardon. Le jeu à la mode alors était appelé le *flux*. On ne sait plus bien en quoi il consistait ; on ne sait que par ce qui va suivre que chaque joueur devait recevoir trois cartes. Cette partie engagée par Charles III donna lieu à un débat que M. le marquis Costa de Beauregard a cité dans un mémoire historique, et que M. Timoléon Chapperon raconte ainsi :

« De Viry ayant distribué les cartes, de Chaffardon dit : *J'invite*, et déposa quatre écus sur ses cartes. De Viry déclara tenir l'enjeu et déposa une somme égale sur ses propres cartes. Mais de Chaffardon ajouta de l'argent en disant : *J'invite pour tout votre reste.* De Viry accepta et déposa tout ce qui lui restait d'argent devant lui. Aussitôt de Chaffardon mit la main sur les enjeux en s'écriant : *J'ai gagné et vous avez perdu, car voilà quatre cartes, et qui mal donne perd la partie.* Et en même temps il étalait la preuve de la maldonne. De Viry se fâcha et s'oublia jusqu'à dire : *Par le sang Dieu, c'est méchamment fait a vous.* De son côté, de Chaffardon s'emporta et répondit en tirant son bonnet par respect pour le duc : *Saulve l'honneur et la présence de monseigneur, vous en avez menti.* A ces mots, de Viry le saisit par les cheveux, de Chaffardon le saisit également. Pendant ce temps, le duc, voulant faire cesser cette scène, criait : *O là ! ô là !* De Viry, loin de se calmer, tira son poignard et chercha à frapper son adversaire. Le duc, se précipite sur lui, s'empare du poignard avec lequel il se blessa légèrement à la main. Les assistants s'interposèrent aussitôt et séparèrent les combattants. Mais il y en avait assez, on le comprend, pour donner naissance à une grosse affaire. Il s'en suivit tout naturellament une instruction criminelle. On fit entendre les témoins de cette scène fâcheuse. Le récit des témoins et des parties n'offre que peu de variantes, et se résume dans les détails qui précèdent. Tous déplorent hautement ce scandale. De Viry déclare qu'il consentirait volontiers à vivre un an au pain et à l'eau pour que cet événement n'eût pas eu lieu. Enfin, le souverain, après avoir pris conseil des jurisconsultes, se détermina pour la clémence. Il bannit de Chaffardon de sa présence et exila de Viry de ses Etats. De Viry, pour se conformer à la sentence, passa à l'étranger et se distingua au service de François Ier. Il mourut en 1528, à l'âge de 54 ans, et en lui s'éteignit la branche des de Viry-Carraz. »

LA FIANCÉE DE CHIGNIN

Saint Bernard avait déterminé toute la noblesse de la Savoie à prendre part à la seconde croisade. Geoffroy de Miolans, emporté par l'amour des combats, s'arracha aux étreintes de Béatrix de Chignin, son épouse, et de Bérengère, sa fille encore au berceau. La baronne, humiliée du peu d'empire de ses charmes, et profondément blessée de l'abandon dans lequel elle allait vivre, fit bon marché du nom de Miolans et reprit celui de ses aïeux. Elle redevint la hautaine Béatrix de Chignin.

Il y avait vingt ans de cela, Geoffroy n'était pas de retour de la Terre-Sainte, et tout le monde ignorait ce qu'il était devenu. Béatrix était bien trop fière pour se montrer affligée de cette incertitude.

Sur ces entrefaites, deux jeunes gens qui

avaient combattu dans les rangs de la sainte milice, deux vaillants de l'armée chrétienne revenaient de la Palestine, traversaient la Savoie, et, l'un deux se trouvant fatigué outre mesure, ils demandèrent asile au château le plus voisin. C'est au château de Chignin que le brave de Clermont, issu d'une haute maison dauphinoise, reçut la plus franche hospitalité. Son compagnon l'assista de tout son dévouement et de toute sa tendresse. Aymar et Clermont s'étaient rencontrés en face de l'ennemi, ils avaient couru ensemble les mêmes périls, et Clermont ne songea pas à s'enquérir de la naissance de son brave camarade ; il en fit son ami. Liés de cette amitié indissoluble, ils partirent ensemble quand de Clermont jugea à propos de rentrer au sein de sa famille. Aymar ne savait de la sienne que ceci : que son père était de haute lignée, mais que sa mère, pour être chrétienne, n'avait pas pour cela pignon sur rue ni droit d'éployer bannière au vent, et que tous les deux, le seigneur et la vilaine, étaient morts avant qu'il eût atteint l'âge de huit ans.

Pendant le séjour que firent les deux voyageurs au château de Chignin, jusqu'au moment où de Clermont put reprendre son bâton de voyageur, Aymar eut bien des fois l'occasion de rencontrer Bérangère; mais une fois eut suffi pour les rendre amoureux l'un de l'autre. C'est ici que se fit voir l'orgueil de la baronne de Chignin; elle refusa la main de Bérengère à l'homme assez distingué pour avoir conquis l'amour de la fille du croisé, sous ce prétexte qu'Aymar eût été bien embarrassé de produire son blason et ses titres.

— Pas autant peut-être qu'il vous plaît de le dire, haute baronne de Chignin et comtesse de Miolans, répondit le jeune preux en prenant cette attitude particulière à la situation dans laquelle il se trouvait...

— Mais vous ignorez jusqu'au nom de votre père ! reprit la baronne...

— Je ne sais pas son nom, mais je sais qu'il portait d'or à trois bandes de gueule.

— D'or à trois bandes de gueule ! répéta la baronne, mais c'était l'écu que j'avais brodé de

mes mains quand Geoffroy s'arracha à mes larmes et à mes baisers...

La baronne de Chignin s'évanouit. Que pou-
vait-elle faire de mieux quand elle venait d'apprendre qu'Aymar était le fils de son époux
infidèle ?

Bérengère aima son frère... mais elle mourut
du chagrin qu'elle éprouva de cette substitution
de l'amitié à l'amour.

Voilà ce que les vieilles tours de Chignin racontent à qui veut bien les écouter. Mais le vin
de la contrée est si bon, qu'en fait de légendes, il en ferait passer d'autrement plus étranges que celle-là.

L'ANNEAU DE SAINT-MAURICE

—

A une époque d'analyse comme la nôtre, où l'on conteste l'identité de Guillaume Tell, où l'on se permet de supposer qu'Homère n'est autre qu'une pléiade de poètes qui ont concouru séparément à l'édification de ce monument éternel qui porte le nom d'Illiade ; à une époque enfin où l'on croit bien faire en démolissant tout ce qui fut édifié par nos aïeux, sans trop s'inquiéter de ce qu'on pourrait élever sur les ruines, il n'est pas étonnant qu'on en soit venu à discuter l'origine saxonne de la maison de Savoie, et à tailler aux rois d'Italie une généalogie un peu moins tudesque. Mais supposons-nous encore au beau temps où l'on croyait que Humbert-aux-blanches-mains, premier comte de Savoie dont l'histoire ait quelque

certitude, était fils de Berold de Saxe et celui-ci
beau-neveu de l'empereur.

Or il advint un jour que l'empereur, allant visiter les villes situées sur le Rhin, oublia sous
le coussin de son lit l'anneau de saint Maurice,
relique qui lui était plus chère que tout au
monde. Alors il manda Berold et lui dit : « Beau-
neveu, va chercher mes reliques, que j'ai ou-
bliées sous le coussin de mon lit. » Berold monte
à cheval, fait toute diligence, arrive au palais
de l'empereur au milieu de la nuit, pénètre
dans la chambre à coucher, s'approche à tâton
du lit impérial, et croyant mettre la main sur
l'oreiller, la pose sur la barbe d'un homme.....
Grand étonnement, cela va sans dire. Aussi,
s'adressant à l'impératrice : « Dame, dit-il, qui
gîte ici avec vous ? » Et l'impératrice toute éba-
hie de répondre avec une assurance simulée :
« C'est une de mes femmes. — Au nom de
Dieu, dit Berold, je ne vis jamais femme aussi
ressemblante à un sapeur..... » Et là-dessus,
tirant son épée du foureau, il en frappa mor-
tellement l'impératrice et son amant, dont l'his-

toire n'a pas cru utile de nous transmettre le nom.

Cette histoire se renouvelle, dit-on, de temps en temps chez les bourgeois comme chez les princes, et l'on en conserve le souvenir afin de démontrer que ceux-ci et ceux-là sont pétris du même limon. Cela ne relève pas les uns, mais cela rabaisse les autres, et l'égalité y trouve son affaire.

LE CONSCRIT DE L'AN XI

—

Les Bauges ont acquis une réputation sans rivale... en fait de fromages et de vacherins. Cela suffirait à établir que le peuple qui l'habite a des mœurs pastorales, et, par une conséquence naturelle, que c'est un peuple essentiellement pasteur. Il n'est donc pas étonnant que les hommes y soient plus robustes qu'ailleurs. Placés dans une région élevée et n'ayant de communication avec leurs voisins que par des défilés escarpés et difficiles, on pourrait les nommer les Spartiates de l'ancienne Allobrogie. Au lieu de cela, on les appellerait plutôt les Sarrazins de la Savoie. On pense, en effet, que les Sarrazins s'y sont réfugiés en grand nombre après avoir reçu ce fameux coup de marteau qui valut au père le Pepin-le-Bref le surnom de Martel.

Quoi qu'il en soit de l'origine des *Baujus*, il n'en subsiste pas moins que le contingent qu'il fournit à la conscription militaire est composé d'hommes de la plus haute taille, et qu'il appartient au canton du Châtelard d'avoir fourni le conscrit de l'an XI. C'est ainsi qu'on désignait une recrue de deux mètres trente-cinq millimètres (6 pieds 3 pouces et 2 lignes) qui fit l'étonnement et l'admiration de toute la contrée qu'il eut à parcourir pour se rendre au corps qui lui avait été assigné. Il se nommait Priscaz. Sa famille n'est pas encore éteinte, mais elle ne fournit plus de géants.

AMÉDÉE ET SA QUEUE

—

Dans un temps où les chefs de partis n'ont pas vergogne de rentrer en possession de leur liberté quand leurs camarades continuent à gémir dans l'exil, je ne puis m'empêcher de penser que les comtes de Savoie ne se chauffaient pas de ce bois-là.

L'empereur se rendait à Rome dans le but de se faire sacrer par le Saint-Père. Il fit halte à Vérone avec toute sa cour et s'y reposa pendant quelques jours. Le comte de Savoie ne pouvait décemment laisser passer son suzerain à quelques pas de son domaine sans lui présenter ses hommages. Il convoqua ses pricipaux gentilshommes, et, tous ensemble, ils passent les Alpes, traversent la Lombardie et arrivent dans la ville qui possédait l'empereur. Le comte et tout son cortége se présente à la porte de la chambre où l'empereur se trouvait, entouré de son conseil. Il heurte, la porte s'ouvre devant sa personne, mais l'huissier invite le comte à faire retirer *cette grande troupe qui était à sa queue.* Le comte refuse d'optempérer à cette invitation qui lui parut tout au moins singulière; l'huissier persiste, le comte tient bon. L'huissier s'entête, et on y alla si bon train que l'empereur lui-même entendit le tapage et s'aperçut de la querelle qui avait lieu à sa porte. Sa Majesté s'enquit de la cause de ce bruit étrange; l'huissier signale les prétentions du comte de Savoie qui, ne se trouvant pas assez honoré d'être admis pour sa personne auprès de l'empereur, voulait encore faire partager cet honneur à toute sa queue, une queue innombrable. L'empereur ne put que rire d'une telle cause de conflit, et permit au comte de Savoie de lui présenter tout son monde.

Qu'eût dit l'homme à la *Lanterne,* s'il eût été comte de Savoie, quand il lui fut donné de dire adieu aux rivages de la Nouvelle-Calédonie ? « *Si ma queue n'en sort avec moi, je n'en sortirai pas, et j'y reste.* » Mais il n'était pas le comte de Savoie, et il a dit : *Zut!*

L'INCENDIE DE LA MENSE D'AILLON

—

Nous avons toujours admiré le choix heureux de l'emplacement des Chartreuses. Elles se trouvent généralement dans une situation sauvage et sublime, d'où la perspective est vaste, immense, solennelle. Si elle est resserrée, elle a quelque chose de sombre, de lugubre, d'escarpé, de profond qui impressionne encore plus que l'étendue. La Chartreuse de la Part-Dieu, près de Bulle, est environnée de ravins, de pics et de prairies. Ripaille jouissait d'une vue splendide sur le plus beau des lacs du monde. Pomiers, qui est adossé à des monts élevés, étend vers l'occident son point de vue sur un large et fertile pays que limite le Jura. La Chartreuse d'Aillon était en tous points aussi bien située que ses sœurs.

Mais vint pour Aillon le 1793 comme pour tous les monastères. Plus tard, la partie des propriétés des Chartreux qui avait échappé aux déprédations révolutionnaires fut concédée à la mense épiscopale de Chambéry, pour aider les jeunes lévites non favorisés de la fortune et secourir les ministres du sanctuaire qui auraient gagné leurs cheveux blancs et des infirmités dans l'exercice de leur saint et souvent bien pénible ministère. Une ferme ecclésiastique fut établie, un fermier y fut installé, et celui-ci avait à rendre compte à Mgr Martinet, archevêque de Chambéry.

C'était grande fête au village ; Mgr était venu donner la confirmation dans la paroisse d'Aillon-le-Jeune, car alors déjà Aillon constituait deux paroisses, mais ce n'est qu'à dater de 1863 que les Aillon forment deux communes sous les noms d'Aillon-le-Vieux et d'Aillon-le-Jeune.

Les vallons et les montagnes répétaient les chants d'allégresse dont la piété des fidèles faisait retentir les voûtes de l'église, quand un sinistre feu de joie vint changer la gaieté univer-

selle en un profond désespoir. Une main étrangère avait préparé toutes choses, et, pendant
que les fermiers étaient à l'église, un incendie
violent éclata tout à coup dans les bâtiments
de la ferme qui, en un instant, furent dévorés
par les flammes.

L'infortuné fermier va porter à son maître la
nouvelle du désastre. Il s'attend à une récep-
tion sévère, il redoute d'être accusé d'incurie,
d'imprudence ; au lieu de la froideur à laquelle
il s'était préparé à faire face, il ne trouve chez
le prélat que la plus douce bienveillance. Au
lieu de reproches, il remporte dans sa famille
des pièces d'or et la défense expresse de faire
une enquête contre l'auteur de l'incendie. L'é-
vêque laisse ainsi le coupable à la honte de sa
lâcheté et au supplice de subir un magnanime
pardon.

LA TOUR DE CESSENS

—

Au sud-ouest et à 12 kilomètres de Rumilly, sur un des passages qui font communiquer
le bassin de l'Albanais avec le midi de la Chautagne et avec le lac du Bourget, se dresse une
tour antique sur un rocher commandé seulement par un autre rocher qui soutient les débris plus modestes d'autres fortifications : c'est
la tour de Cessens. Le comte Amédée V, dit le
grand, s'empara en 1287 du château, qui appartenait alors au comte Amé II de Genève ;
mais ensuite il fut restitué à ce dernier, à charge d'en faire hommage au comte de Savoie.

La tour qui a survécu aux révolutions de la
diplomatie et des siècles, présente un coup
d'œil fantastique, quand, au lever du soleil, elle
est contemplée des coteaux voisins sur lesquels

elle projette une ombre semblable à celle d'un énorme obélisque. Le soir, elle ressemble à un fantôme géant. Le château, qui pourtant est construit sur un roc plus élevé, semble ramper à ses pieds et s'effacer en présence de cette hautaine majesté. Quoique construite sur une base inférieure, la tour s'élance et se détache dans l'espace. De loin, elle paraît parfaitement ronde; mais en réalité elle n'a que la moitié de son diamètre. La moitié occidentale a été démolie avec une régularité barbare dans toute sa hauteur. Quel est le prince qui sévit contre ces murailles, l'histoire se tait.

M. Richard, l'auteur du *Manuel du Voyageur en Suisse et en Savoie*, prétend que c'est au pied de la tour de Cessens que J.-J. Rousseau écrivit la page admirable où il décrit le lever du soleil : « On le voit, dit l'incomparable prosateur, s'annoncer de loin par les traits de feu qu'il lance au devant de lui... » Ce qui est certain, c'est que l'étendue de la perspective qu'on découvre du pied de ce monument d'un autre âge est capable d'avoir inspiré l'écrivain. Les habitants de la contrée s'en font du reste un titre de gloire, et votre cicérone ne fera pas de difficulté pour vous désigner jusqu'à la pierre sur laquelle le philosophe de Genève s'est assis pour *faire le pourtrait de l'aurore*. L'histoire est presque muette à l'égard du château de Cessens ; mais les indigènes ont trouvé dans le fait que nous venons de rappeler de quoi défrayer amplement la curiosité des voyageurs.

LA RUE D'AIGUENOIRE

—

On a voulu faire des noms de rues une sorte de Panthéon. C'est à l'angle de toutes les voies urbaines que sont écrits les noms des hommes qui ont illustré le pays. Le moyen est bon, mais, hélas ! la mémoire de humains est inconstante, et il arrive souvent que tel nom de rue ne rappelle plus rien à celui qui le prononce. Nous sommes porté à croire que le nom d'Aiguenoire, porté par une rue de la ville du Pont-de-Beauvoisin, ne rappelle plus à personne le héros qui y vint au monde et dont le souvenir mériterait mieux que d'être si tôt oublié.

Sous le règne de Victor-Amédée III, un jeune homme, sorti de la classe du peuple, partit en 1788 pour la milice. Simple soldat, puis successivement caporal et sergent au régiment de

Savoie, Ganivet, c'était son nom, se fit toujours estimer de ses chefs par son intelligence et son exactitude à remplir ses devoirs. En 1792, la Savoie fut envahie par l'armée française ; mais les défilés du Mont-Cenis étaient encore occupés par les troupes du roi de Sardaigne. Si les Français citent avec complaisance les traits de bravoure dont ils ont été les auteurs, il faut bien croire qu'ils n'étaient pas seuls dépositaires de toutes les vertus. Les *ennemis* ont eu également leurs braves.

En effet, le sergent Ganivet, à la tête d'un détachement d'avant-poste, composé de soixante hommes, soutint le choc de plusieurs bataillons français. Plus heureux que Léonidas, il ne perdit qu'un petit nombre de ses compagnons d'armes et il en fut quitte lui-même pour une blessure sans gravité. Néanmoins, il avait donné le temps à l'armée sarde, qui campait au haut du Mont-Cenis, de se mettre en défense et de barrer le passage aux envahisseurs.

Le roi, instruit de l'action héroïque du sergent Ganivet, le nomma sous-lieutenant dans cette même compagnie qui avait pris part à ce fait d'armes, lui remit une épée et lui donna le titre d'Aiguenoire pour honorer la rue où il avait reçu le jour. Le sous-lieutenant d'Aiguenoire rentra dans ses foyers sans fortune et avec une modique retraite. Napoléon lui fit offrir les épaulettes de capitaine dans l'infanterie légère, mais il refusa en disant : « J'ai juré d'être fidèle à mon prince et à mon bienfaiteur. » Napoléon ne se tint pas pour battu : il fit accepter au sous-lieutenant une augmentation de retraite qui permit à Ganivet d'arriver à l'article de la mort sans endurer trop de misères le long du chemin.

LE SAUT DE LA PUCELLE

—

Parlons la langue de nos aïeux ; ils étaient moins prudes, mais bien aussi vertueux que nous.

D'Aix-les-Bains à Tresserve, le chemin est mieux qu'un vicinal de troisième classe ; c'est une promenade charmante s'il en fut jamais. Aussi les baigneurs, que leurs rhumatismes traitent avec quelques ménagements, ne connaissent pas de parages plus agréables, et si la promenade est un puissant adjuvant pour les eaux thermales, nous estimons que les médecins d'Aix doivent une profonde reconnaissance au chemin de Tresserve.

On se croirait dans un parc. Tous les genres de beauté se pressent sur vos pas. Ruisseaux serpentant comme serpentent les choses qui savent le mieux serpenter; haies touffues, à travers lesquelles on voit se jouer les poulets et les lapins des fermes riveraines; villas somptueuses et pleines de mystères, émaillées de modestes maisons de paysans qui ne le cèdent à leurs orgueilleuses voisines ni en propreté ni en confortable.

Mais il y a, à l'entrée même du chemin, tout près du hameau de Cornin, une carrière de molasse, qu'on exploite avec un notable profit. Cette carrière se trouve dans les flancs d'un rocher d'une certaine élévation et qui surplombe le chemin, sans toutefois prendre des allures trop redoutables. Cet accident de terrain est connu dans la localité sous le nom du Saut de la Pucelle. Voici la légende qui s'y rapporte et dont nous garantissons l'antique authenticité.

Une jeune fille, nommée Brigitte, avait inspiré une passion violente à un gentilhomme du voisinage. Vertueuse autant que belle, Brigitte repoussait les tentatives de son adorateur et dédaignait ses brillantes promesses. Mais, un jour qu'elle avait mené paître ses brebis sur le plateau couronnant le rocher que nous venons de décrire, le galant la surprit, et allait sans doute triompher de sa résistance, lorsque, parvenant à s'échapper des bras qui l'étreignaient, Brigitte, après avoir adressé une fervente invocation à la sainte Vierge, s'élança dans l'espace et disparut dans le précipice. Une heure plus tard, les bateliers de Cornin, regagnant leur demeure, trouvèrent la bergère agenouillée au fond de la carrière. La Vierge l'avait sauvée des bras d'un ravisseur et de ceux de la mort. Elle l'avait soutenue dans sa chute et déposée doucement au pied du rocher qui, depuis lors, est appelé... comme nous l'avons dit, mais comme il n'est pas indispensable de le répéter.

On retrouve cette légende dans les Voirons. Il nous souvient, à cette occasion, que l'Académie de Savoie a accordé une mention très honorable à une poésie dont cette légende faisait le sujet. Mais le poète, M. Claudius Carret, fils de M. Carret, ancien inspecteur des domaines et aujourd'hui attaché à la bibliothèque de Chambéry, était mort à l'aurore de ses dix-huit ans, quelques jours avant que l'Académie décernât le prix de poésie auquel il avait concouru.

Notre légende recevra un nouveau lustre de cette coïncidence, et l'attrait qu'elle présente par elle-même n'a rien à perdre de ce rapprochement inattendu.

AUT FABER AUT DIABOLUS

—

Les légendes auxquelles le président Favre se trouve mêlé, on ne sait trop comment, sont innombrables. Ce président est un *Deus ex machinâ* qui sort à tout propos de la boîte à surprise dans laquelle il se tient replié. Il n'en faudrait pas autant que cela pour constituer en faveur du pays qui lui donna le jour cette bonne et solide gloire dont on se prévaut en toute occasion. Mais parmi toutes ces légendes, il en est une qui nous a présenté autant d'intérêt que la solution fantaisiste d'un problème pittoresque. Aussi lui ferons-nous l'honneur d'une place dans notre collection.

Trois voyageurs, messieurs Pierre, Paul et Jacques, avaient passé la nuit dans une auberge. Le lendemain, après avoir payé leur écot, ils prennent congé de l'aubergiste et lui confiant une caisse contenant mille ducats, et lui recommandant expressément de ne rendre cette caisse que lorsqu'ils reviendraient tous les trois ensemble la réclamer. Quelque temps après, l'un de ces mêmes voyageurs, monsieur Pierre, descend à la même auberge et réclame la caisse qui y avait été déposée. L'aubergiste, oubliant la principale condition imposée à la restitution de cet objet par les dépositaires eux-mêmes, s'empresse de déférer à la demande de son hôte. Celui-ci prend la caisse, l'emporte, s'enfuit on ne sait où, et ne revient plus.

Il va sans dire que les trois voyageurs étaient d'accord, et qu'il y avait là-dessous un petit complot qui devait aboutir à faire payer une indemnité par l'oublicuse aubergiste.

En effet, les deux autres compères, messieurs Paul et Jacques, faisant comme s'ils apprenaient par le fait du hasard l'imprudente restitution opérée par l'aubergiste, se mettent en devoir d'intenter à celle-ci devant les tribunaux une action en restitution et en dommage. La re-

quête portait : « Attendu que la dame *** avait
reçu des sieurs Pierre, Paul et Jacques, le dépôt
d'une caisse avec la condition de ne rendre ce
dépôt que lorsque les trois dépositaires seraient
présents pour le réclamer ; — attendu que la
même, au mépris des conventions, avait remis
imprudemment cette caisse au seul sieur Pierre
qui était venu la réclamer pour en faire son
propre profit au détriment de ses deux autres
co-dépositaires ; — attendu que ledit sieur
Pierre a disparu en emportant la caisse qui
constitue le plus net de l'avoir des demandeurs,
— les sieurs Paul et Jacques conclüent à ce qu'il
plaise au tribunal ordonner à ladite dame d'a-
voir à les indemniser du dommage résultant de
son fait, et estiment ce dommage... les yeux de
la tête. »

Le tribunal allait condamner l'aubergiste,
malgré ses pleurs et les larmes de son avocat,
— les avocats aimaient à pleurer alors, comme
du temps de Jules Favre, — quand un individu
s'approche de l'oreille du défenseur et lui glisse
ce mot : Demandez au tribunal qu'il ordonne

de faire comparoir le sieur Pierre. Et le juge, frappé d'une lumière subite: — Si, dit-il, le sieur Pierre, isolé des sieurs Paul et Jacques, n'avait pas droit au dépôt dans les conditions, les sieurs Paul et Jacques, dans les mêmes conditions, n'ont pas plus de droit que Pierre. En conséquence... déboutons, etc. Puis, se tournant vers l'individu qui lui avait parlé à l'oreille : *Aut Faber aut diabolus*, dit l'avocat ; un conseil aussi malin que le vôtre ne peut venir que de Favre ou du diable.

LES YEUX DE SAINT BLAISE

—

Oh ! cela date d'avant la Révolution ; à peine notre grand-père s'en souviendrait-il. Nous savions déjà que les gloires de ce monde étaient bien fugitives, mais il paraît que les saints eux-mêmes n'échappent pas à l'oubli que le temps sème sur ses pas. Qui se souvient aujourd'hui de la vogue de Saint-Blaise ? Et pourtant l'église de Lemenc regorgeait de fidèles, quand, le 3 février, on offrait à tout venant, — pourvu qu'il se fût confessé et qu'il eût communié, — une cuillerée d'un liquide récolté à Bissy ou à Apremont, et dont l'absorption, opérée dans de bonnes conditions morales, faisait disparaître comme par enchantement les maux les plus divers, ces mille maux, aussi variés que les fleurs de la création, et qui font le désespoir des médecins honnêtes en même temps que le bonheur de ceux qui tirent à la visite.

Saint Blaise était évêque. Sa statue est encastrée dans une niche qui se trouve placée près de la chaire de vérité. Il a sa chapelle, cela va de soi. Cette statue est revêtue d'habits épiscopaux d'une telle ampleur qu'ils ne laissent à découvert que la tête. Et encore la mître semble-t-elle avoir l'intention de paralyser le peu de liberté de mouvement qui soit laissée au bienheureux. Il n'en avait pas moins la plus grande attention pour les prières qui lui étaient adressées, et si elles n'étaient pas toutes exaucées, ce n'était pas sa faute.

Mais il y avait telle affluence à la vogue de Saint-Blaise, que réellement la foule des pèlerins ne pouvait pas n'être composée que d'infirmes. Il n'y en a pas tant sur toute la surface de la terre qu'il y avait de monde aux pieds de la statue quand le jour de sa fête était arrivé. Il faut donc en conclure que, parmi ces pèlerins, il y en avait bon nombre de bien portants. Et alors, que venaient-ils faire ? Il est une infirmité humaine qui ne frappe point les yeux, dont on ne meurt pas souvent, dit-on, mais dont tout le monde est atteint. C'est le désir immodéré pour les garçons de trouver une femme, et pour les filles de trouver un époux.

Saint Blaise, pour être évêque, n'était pas insensible aux plaintes, non plus qu'aux prières des amoureux. Et quand la jeune fille lui répétait trois fois du fond du cœur, non du bout des lèvres :

> Saint Blai, saint Blai,
> On galant, si vo platt !

rarement le jeune fille restait pour coiffer sainte Catherine. Et quand c'était un garçon qui priait, le saint mettait plus de zèle encore à satisfaire la pieuse invocation dont il était l'objet.

Il arrivait parfois que le carnaval se passait, que Pâques et la Trinité en faisaient autant, sans que le saint se fût exécuté. Mais alors, loin de s'en plaindre, on comprenait qu'il était prudent et sage de renvoyer à l'année suivante la réalisation d'un désir trop prématuré.

Nous l'avons dit, le saint était considérablement gêné dans ses entournures. C'était une
raison pour remuer les yeux. Aussi la statue se
livrait-elle aisément à certains clignements de
prunelle très significatifs, pour qui voulait bien
les entendre. Une ficelle qu'on faisait mouvoir
mystérieusement faisait tous les frais de l'oracle.
Si c'étaient les prêtres de Memnon qui se char-
geaient de la réponse que leur dieu était sensé
faire, à Lémenc, c'était le sacristain qui se permettait cette irrévérencieuse plaisanterie. Les fils
de ce sacristain-là sont aujourd'hui employés
dans une grande institution financière, et ils
sont assez philosophes pour savoir qu'en ce
monde tout marche par des ficelles.

L'INTRODUCTION DES MÉRINOS

Existe-t-il quelqu'un qui ignore toutes les
les difficultés qu'a rencontrées l'introduction des
mérinos en France ? L'illustre Daubenton, un
des plus modestes bienfaiteurs de l'humanité,
mais aussi l'un des plus réels, gémissait de voir
la France payer tribut à l'Espagne pour ses
laines, et encourir constamment le danger de
se voir privée de cette substance indispensable
au bien-être de ses habitants. Il eut l'idée de
doter la France d'un troupeau de mérinos espa-
gnols. Le premier troupeau qui traversa les
Pyrénées périt tout entier, moutons et bergers,
en peu de temps. Le philanthrope ne se tint
pas pour battu, il revint à la charge. Le nouveau
troupeau eut à traverser non seulement les
Pyrénées, — car il y en a toujours, — mais
encore la Révolution française. Ce troupeau
fut hébergé à l'hôtel de Rambouillet, et il passa
dans cet asile les plus mauvais jours de la
Terreur, sans s'en ressentir d'une manière ap-

préciable. Enfin, après avoir entouré ces bons moutons de tous les soins que prescrivait le vif désir de les acclimater, les mérinos ont pris pied en France, s'y portent bien, et la laine française vaut celle de Ségovie.

La Savoie ne voulait pas rester privée de cet avantage que la France avait payé si cher, mais c'est à l'administration française qu'elle est redevable d'avoir pu le réaliser à son profit. Inscrivons en gros caractères le nom de M. Grand, conseiller de préfecture et membre de la Société d'agriculture de Chambéry qui, le premier, introduisit les mérinos dans notre contrée. Ils firent leur entrée triomphante dans la bergerie de Choisel le 21 juin 1802. Les expériences de M. Grand ont été suivies de celles de MM. de Saint-Sulpice et Bonne de Savardin. Toutes ont parfaitement réussi et ont démontré que la brebis espagnole prospère merveilleusement dans notre climat. Les innovateurs dévoués ont porté un défi à la routine, et la routine en est restée abasourdie. Il est vrai qu'elle prend sa revanche ailleurs.

L'AURORE DES POMPIERS

—

Le feu n'est point une invention moderne, il faut en convenir, mais les pompiers ne sont pas venus au monde en même temps que leur adversaire. On a beau dire que la divine providence a toujours soin de placer le remède à côté du mal, il y avait bon temps que les incendies en faisaient des leurs qu'il n'était encore question d'autres pompes que des pompes de Satan. Pauvres pompes de Satan ! elles s'en sont allées avec ses œuvres. Il ne subsiste plus que les œuvres de Dieu.

Aujourd'hui que nous voyons, au premier cri d'alarme, une fournée de pompiers tout équipés sortir de dessous tous les pavés, nous aurions peine à croire qu'il fut un temps où il n'y avait pas plus de pompier à Chambéry que

sur la main. Et cependant, c'est encore à
un prince de Savoie que nous devons l'initiati-
ve de cette institution aussi utile que glorieuse.
Les budgets municipaux aidant, l'institution a
pris des développements formidables. Voilà même que, depuis quelque temps, il ne suffisait
plus à notre bataillon de Chambéry de faire ses
affaires sur une grande échelle, il lui faut une
échelle qui n'en finisse pas. Félicitons en passant
nos édiles d'avoir eu le bon esprit d'enrichir
l'arsenal pyrofuge de la fameuse échelle... qui
est certainement une des plus ingénieuses in-
ventions des temps modernes.

Mais cela ne nous dit pas de quand datent les
pompiers. Amédée VII, le comte Rouge, dit
Grillet, pour accélérer la construction des murs
de Chambéry entreprise par le comte Vert, son
père, en chargea les syndics et bourgeois de
cette ville. Dans cette vue, il les exempta de
tailles, de subsides, de toute contribution et lo-
gement de soldats, et leur accorda, en outre,
l'octroi du vin dans l'étendue des paroisses de
Lémenc, de Saint-Léger et de Saint-Pierre-de-

Maché. Une incendie ayant causé de grands ravages dans cette ville, il fut statué par un réglement (du 8 janvier 1385), que les syndics feraient faire douze grandes échelles et douze grands crocs en fer, que l'on tiendrait à la disposition du public sous la rue couverte; que chaque bourgeois serait tenu de faire faire, à ses frais, un seau de cuir, sur lequel serait son nom, et qu'on placerait ces seaux à couvert le long des murs de l'église de Saint-Léger.

Voilà le point de départ : le matériel a devancé le personnel, mais ce qu'il y a de pénible dans le coup d'œil que nous venons de jeter sur une époque déjà bien éloigné de nous, c'est que l'octroi sur le vin en faveur des villes ait devancé la création de l'arsenal des pompiers. Il faudra donc modifier le principe que nous avons rappelé tout à l'heure : Ne disons plus le mal est à côté du bien, mais que le mal précède le bien.

LE PATRONAGE DE SAINT LÉGER

—

La tenue des registres de l'état civil est bien propre à révéler à l'observateur combien l'homme tient à lui-même, et à justifier cette définition pittoresque dont est accusée Mme de Staël : L'amour paternel c'est de l'égoïsme prolongé.

En effet, le père qui vient déclarer l'avénement en ce monde d'un nouveau citoyen, est fier de revêtir le nouveau venu du nom patronymique que le déclarant tient de son père ; mais sa vanité n'est complètement satisfaite que s'il peut joindre à ce nom patronymique son nom de baptême par-dessus le marché. L'enfant serait ainsi la réincarnation préventive de celui de qui il tient l'honneur de pénétrer en cette vallée de larmes et de misères.

De là il résulte un embarras constant quand

il s'agit de faire des recherches dans les filiations. Les officiers publics font d'inutiles efforts pour s'opposer à cette manie qui n'est pas sans influence sur le désordre des généalogies bourgeoises. Les uns, usant d'un pouvoir qu'ils s'attribuent et qu'aucune loi ne leur confère, allouent à l'enfant présenté un nom de baptême qu'ils puisent dans leur fantaisie ; d'autres ajoutent un second prénom, voire même un troisième à celui qui est indiqué ; d'autres enfin, dans un but de conciliation entre l'égoïsme du déclarant et l'arbitraire du fonctionnaire, ont pris le parti de donner pour patron à l'enfant le saint dont c'est la fête le jour de sa naissance. Cette détermination a produit de singuliers effets ; c'est à cela qu'il faut faire remonter les Loup et les Ours qui se promènent en paletot, en blouse ou en vareuse sur la surface de notre belle France.

Les mêmes difficultés se présentaient à l'occasion de la dédicace des églises. Chaque marguillier aurait voulu en faire l'honneur à son saint, et les marguilliers ne sont pas gens faciles à accommoder. Pour ne satisfaire personne aux dépens des autres, on en vint à choisir pour patron de l'église à laquelle il s'agissait de donner un vocable, le saint le plus nouvellement canonisé, ou du moins celui qui pour le moment faisait le plus parler de lui. Voilà ce qui explique comment il s'est fait qu'une des églises de Chambéry avait été dédiée à un évêque d'Autun.

Saint Léger, évêque d'Autun, avait était martyrisé en 680, et c'est au commencement du xve siècle qu'il a été placé au rang des saints. La canonisation de ce confesseur martyr coïncide avec l'époque où l'église qui porta son nom fut construite. Le choix qui fut fait de saint Léger pour patron de la nouvelle église eut pour effet principal de mettre à néant les prétentions de tous les membres du conseil de fabrique de l'époque, qui se désistèrent sans difficulté d'un de leurs attributs en faveur de l'ami de Dieu le plus récent et, à ce titre, le plus en faveur.

Tout cela n'explique pas pourquoi la rue Saint-Léger s'appelle place Saint-Léger.

LE SIGNAL DE MONTERMINOD

—

Il en est qui croient qu'il y avait là un château féodal, nous n'y voyons pas d'obstacle.
Mais nous penchons à croire que cette construction se réduisait à une ou plusieurs tours.
Qu'importe du reste ce que portait jadis le ce-
teau de Monterminod, dès qu'il porte aujour-
d'hui le vin le plus renommé de la vall e de
Chambéry. Avec des titres de cette nature on
se passe aisément d'aïeux.

Il nous a plu toutefois de connaître d'où
peuvent provenir les ruines auxquelles le pied
des vignerons se heurte fréquemment, qu'il s'a-
gisse de labourer la vigne ou de la vendanger,
et nous avons recueilli ce qui suit :

A une lieue à l'est de Chambéry, sur le territoire de la commune de Saint-Alban, vous
voyez au-dessus du village appelé le Villaret un
plateau qui domine la plaine, planté de vignes
cultivées avec autant d'art que de soins. C'est là

qu'existaient anciennement les tours de Monterminod, propriété de l'ancienne maison Pio-
chet de Salins. Ces tours étaient destinées à
transmettre dans la vallée de Savoie les signaux
ignés qui leur étaient communiqués par la
grande tour du château de Chambéry, afin que
tous les feudataires du pays eussent à prendre
les armes s'il plaisait à leur suzerain de le leur ordonner. Le fanal de Monterminod étant allumé,
l'avis passait au château de Chignin, de Chignin
il était envoyé à la tour d'Apremont et ainsi de
suite, en passant par les tours de Montmayeur,
de Miolans, de Montailleur, de Chevron, de
Conflans, d'Ayton, des Charbonnières, etc. C'é-
tait le télégraphe des comtes et ducs de Savoie,
et même des rois de Sardaigne, jusqu'à l'introduction relativement récente des *poteaux ba-
billards* inventés par les frères Chappe et si
promptement remplacés par le tic-tac de l'élec-
tricité.

Quoi qu'il en soit, ce qui s'appelait le château de Monterminod a été renversé par un
ouragan le 24 septembre 1807.

LE BOULET DES CALOUDES

—

Qu'on dise tout ce que l'on voudra, cela vous fait de l'effet tout de même un boulet de canon qui vous passe sur la tête en sifflant, ou qui ricoche à côté de vous en vous envoyant toutes sortes d'éclaboussures. Junot se contenta d'essuyer sa manche, Henri IV alla plus loin.

Le château de Montmélian passait pour être imprenable, et quoiqu'il se fût déjà rendu maître d'une grande partie de la Savoie, le roi vert-galant désespérait de prendre Montmélian. C'était en 1600, sous le règne de Charles-Emmanuel Ier. Sully, alors grand maître de l'artillerie de France, à qui tout paraissait possible, ayant examiné attentivement ce fort, proposa son plan d'attaque. Sur sa proposition, le siége fut résolu, malgré l'avis contraire de la plupart des généraux. Il fit conduire six pièces de canon sur la montagne qui domine la forteresse au nord-ouest, et l'on peut se rendre compte des difficultés qu'il rencontra dans l'exécution de cette audacieuse entreprise. Après des efforts surhumains, il parvint à établir sa batterie sur un plateau qui est au-dessus du vignoble des *Calloudes*. Henri IV, étonné de ce succès, s'y transporta avec ses généraux, tant pour examiner la batterie elle-même que pour voir ce qui se passait dans la place assiégée. Mais à peine la garnison de Montmélian eût-elle aperçu le fameux panache blanc, qu'une décharge de la grosse artillerie se chargea d'apprendre au roi qu'il est imprudent d'être curieux outre mesure. Le roi fut littéralement couvert de terre et d'une grêle de cailloux. Son premier mouvement fut de faire le signe de la croix. Et Sully de lui dire aussitôt de cet air malin qui lui convenait si bien : — Pour cette fois, Sire, je reconnais que Votre Majesté est réellement bon catholique.

LES DESTINS DE LA BOISSE

—

Les eaux aussi ont leurs destins. Telle station minérale qui fut pendant un temps le rendez-vous de la cour, telle autre que la médecine a entourée de tout un appareil de guérisons miraculeuses, sont devenues des ermitages ou simplement de pauvres nymphes qui vous offrent ce charitable verre d'eau que Dieu récompensera par un verre de vin.

Celles dont on peut dire comme d'une femme sur le retour et qui fut jolie, qu'elles se sont vues deux fois, sont en général des eaux qui ne possèdent d'autres principes médicinaux élémentaires que du fer. Aujourd'hui qu'on tient une infusion de vieux gonds de portes, une dissolution de serrures en retrait d'emploi comme autant de succédanées de ce trop vulgaire ingrédient, les pauvres sources ferrugineuses, qui ne sont que cela, ont considérablement perdu de leur importance. Telles sont l'eau de Marclaz et celle d'Amphion, qui sont en quelque sorte les accolytes de l'eau de la Versoie nouvellement découverte près de Thonon, et qui depuis bien longtemps sont déchues des plus brillantes splendeurs.

Telle est aussi l'eau de la Boisse près de Chambéry. Et cependant, nos grands-pères ont encore souvenir de la foule qui, le matin, fréquentait cette modeste fontaine, si modeste qu'elle n'a même jamais su se mettre à la hauteur de la vogue dont elle était l'objet, n'eût-elle fait pour cela qu'une toilette du matin.

Elle sourd d'une anfractuosité de rocher et se perd sur un gravier fin qui rougit de voir ainsi couler en pure perte une onde dont chaque gouttelette peut se métamorphoser en un gobule de sang, quand son absorption est opérée dans de bonnes conditions. Le chemin de fer passe tout à côté, et cela suffit pour lui enlever son dernier prestige, la solitude qui avait succédé à la foule. Une longue route uniforme et fastidieuse, semée çà et là de bancs de pierre semblables à des monuments funéraires, court à deux pas plus loin, et le passage à niveau ménagé par l'administration du Victor-Emmanuel, tout étroit qu'il est, suffit amplement au passage des quelques jeunes filles altérées qui croient à la puissance de ce spécifique et boivent de l'eau.

Néanmoins, la Boisse eut ses beaux jours, et quand elle était au pinacle, on ne parlait guère alors de Vichy ni d'Evian. Aix même n'arrivait pas à sa hauteur. Une petite brochure publiée en 1782, qui nous tombe sous la main, nous est garant des succès qu'elle recueillait à cette époque. M. Lyonne fils, chirurgien-major au régiment de Maurienne, écrivait alors que ce qui prouvait le mérite de l'eau de la Boisse, c'est qu'elle avait eu et avait encore ses détracteurs. Cette preuve éminemment philosophique est appuyée sur de sérieuses observations médicales et sur une profonde érudition.

Mais vous vous perdez en conjectures stériles

sur l'étymologie du nom de la Boisse. Nous allons vous renseigner au plus court. La source de la Boisse et le terrain qui l'entoure étaient autrefois la propriété de M. Boisset, qui mit son eau en lumière après en avoir fait l'analyse en chimiste consciencieux autant qu'en habile propriétaire... Vous voyez sans peine que la filiation est facile à établir et nous ne ferons pas à nos lecteurs l'injure d'insister à cet égard.

Mais nous conseillons à l'eau de la Boisse de se munir de quelque sel à la mode ; cela pourrait l'y ramener.

LA CITÉ DE GRÉSINE

—

Il a fallu venir jusqu'à nos jours pour deviner que les premiers établissements des hommes ont été fondés sur pilotis, et que les premières habitations humaines ont été construites
sur l'eau. Et cependant, si tant est que les animaux ne sont venus qu'après les végétaux et
que l'homme, le plus parfait des animaux (à
l'en croire), n'a pu venir que le dernier de l'espèce, il est probable que ses premiers soins ont
consisté à se défendre contre ses contemporains.
Dès lors, il a placé sa demeure là où ceux-ci ne
sauraient arriver, et de son aquatique résidence,
sa serpe à la main, il abattait chaque jour quelque chêne séculaire ; il en confiait les débris
au cours d'eau qui mouillait les pieds de sa cabane, et de la sorte, chacun de ses coups de

cognée augmentait son empire. Après une expédition pleine d'aventures, il rapportait à sa
famille le produit de sa chasse, et dès qu'il sut
qu'un autre homme en faisait autant que lui
un peu plus bas, mais toujours sur le bord du
même ruisseau, il n'eut pas besoin d'agent des
ponts et chaussées pour construire un chemin
d'exploitation. Tout cours d'eau est une route
liquide, et, avec les moyens de transport les
plus primitifs, on ne connut bientôt plus de
distance. Nos colons ne font pas autrement en
Amérique. Ils s'installent sur le bord d'un ruisseau, et vogue la galère.

Et voilà ce qu'a découvert Keller à Zurich, ce
qu'a redécouvert Troyon à Lausanne, et ce qu'a
découvert pour la troisième fois L. Rabut à
Chambéry.

Le lac du Bourget est autrement riche en
stations lacustres que ses grands similaires de
Zurich et de Genève. Nous ne saurions dire
combien de ces stations on compte à l'heure
qu'il est ; mais nous savons que la plus importante est celle dont l'emplacement serait au-de-

vant de Grésine. C'est là qu'on trouve en quantité considérable des échantillons de tous les objets dont une civilisation peu avancée devait savoir se contenter. Diogène, qui était bien au moins civilisé à l'égal de nos aïeux les plus lacustres, se contenta longtemps d'une échelle, et encore trouva-t-il qu'il pouvait s'en passer gaîment. N'importe, les amateurs poursuivent leurs recherches, les sondages vont leur train et le musée d'Aix s'enrichit chaque jour d'un objet nouveau qui nous viendrait en droite ligne de l'âge du bronze.

Les découvertes sont si fréquentes, les objets qui s'y rapportent ont tant de ressemblance avec ceux qu'on fabrique de nos jours, que la découverte des Keller, des Troyon et des Rabut risque bien de n'arriver qu'à démontrer ceci : à savoir que les hommes ont toujours mangé leur soupe dans un pot et que les femmes l'ont toujours fait cuire dans une marmite. Allons, ce n'est pas cette découverte-là qui vaudra à son auteur le panthéon de la vraie gloire, ni le paradis de la reconnaissance.

L'ENNUI DE MADAME DE BRANDIS

—

Henri IV avait mis le siége devant Montmélian, cette place imprenable qui était comme la clé de l'Italie, mais qui a été prise tout de même. Sully commandait les opérations du côté des assiégeants, et le comte de Brandis commandait le fort pour le compte de Charles-Emmanuel Ier. Les ennemis étaient en présence, on s'envoyait quelques boulets de temps en temps. Brandis poursuivait son plan comme un autre, mais tout cela n'aboutissait à rien.

C'est une chose bien ennuyeuse qu'un siége, et plus encore pour les assiégés que pour les assiégeants. Or, on l'a dit, l'ennui est le pire des conseillers ; la faim ne saurait attiendre le même degré de perfidie.

Si quelqu'un gémissait de l'ennui résultant

de l'obligation de rester chez soi, c'était Mme la comtesse de Brandis. Elle avait bien recours à quelques-uns de ces talents de société qui aident à passer le temps, mais cela ne lui suffisait pas pour lui rendre le bonheur. Elle s'amusait à faire des colifichets en verre. Elle savait ouvrer cette fragile substance au moyen d'un chalumeau et en faisait des pendants d'oreilles, des colliers et autres objets de parure.

Or, Mme de Sully avait accompagné son mari à l'armée; Mme de Brandis songea que, puisque les petits présents entretiennent l'amitié, ils peuvent aussi bien faire de deux ennemies une paire d'amies. Elle dépêcha un parlementaire au camp des assiégeants. Ce parlementaire était chargé de la délicate mission d'offrir des brimborions à Mme de Sully de la part de la gouvernante du fort assiégé. Mme de Sully, trop Française pour manquer d'égards, accepta avec empressement les présents qui lui étaient offerts et renvoya à son tour à Mme de Brandis une bourriche assortie, contenant les pièces de gibier les plus rares et les plus recherchées, avec un petit mot écrit sur le papier vergé de l'époque, dans lequel il était question des ennuis du siége et des moyens qu'on pourrait prendre pour les dissiper. Ces prévenances de Mme de Sully furent bien accueillies par Mme de Brandis. Dès lors, il s'établit entre ces deux dames un va-et-vient de petits billets parfumés, ensuite, des échanges de visites, et le tout finit par une capitulation dont Mme de Sully dicta les conditions, et que Mme de Brandis accepta et fit accepter par son mari. Mme de Sully avait soin de prendre les instructions du sien quand elle devait rencontrer Mme de Brandis. Mais celle-ci n'y voyait pas malice ; elle s'ennuyait, il s'agissait de porter remède à cet ennui, son crime ne va pas plus loin.

Mais les conséquences en furent désastreuses. Brandis dut lui-même présenter au roi de France, dans le couvent des dominicains de Montmélian, la reddition de la place sans que celle-ci eût souffert le moindre dommage dans ses défenses. Le 9 novembre 1600, les Français firent leur entrée dans la ville et s'emparèrent

de toutes les munitions qui s'y trouvaient. Sully
en demeura confondu. Quant à M. le comte de
Brandis, il alla cacher sa honte et sa lâcheté
dans la Suisse, sa patrie, et son nom demeurera
attaché à l'histoire des grandes trahisons.

L'AMENDE HONORABLE
DE TABOUET

—

La magistrature de Savoie a toujours passé, non seulement pour l'une des plus éclairées, mais encore et surtout pour la plus intègre qui fût au monde. L'histoire du Sénat de Savoie serait pour nous une mine inépuisable, si seulement nous entreprenions de pénétrer dans le dépôt de ses mystérieuses chroniques, de ses pittoresques légendes, ou de ses étranges arrêts. Remplacé par un parlement chaque fois que la France s'annexa la Savoie, ce parlement n'a pas toujours marché sur les pas du Sénat, et l'histoire de celui-là est loin d'être aussi immaculée que celle de celui-ci. Nous n'en voulons pour preuve que la tradition qui se rapporte à Julien Tabouet.

Julien Tabouet, procureur général du parlement français de Chambéry, en 1539, était originaire du Maine, suivant les uns, et né en Chablais, suivant les autres. Il était versé dans toutes les langues savantes, l'histoire, la jurisprudence et même la théologie. Il avait la réputation d'un habile orateur et d'un philosophe éclairé. Mais sa morale et sa conduite équivoque n'étaient point en rapport avec ses connaissances. Le premier président, Raymond Pélisson, fut obligé, par ordre du parlement de Savoie, d'adresser au procureur général une forte mercuriale en pleine audience. Pour se venger de cet affront, Tabouet accusa Pélisson, et avec lui deux conseillers ses parents, de malversation et de concussion, et le parlement de Dijon lui donna gain de cause en prononçant la condamnation des prévenus.

Tabouet triomphait ; mais ayant obtenu une charge de conseiller au parlement de Paris, cette compagnie refusa de le recevoir dans son sein et ne voulut point consentir à ce qu'il siégeât au milieu d'elle jusqu'à la révision du procès qui avait été intenté à Pélisson. Le roi Henri II s'émut du bruit que faisait cette affaire et ordonna qu'une enquête eut lieu à cet égard. Des commissaires furent commis avec la charge de débrouiller ce chaos de médisances et de calomnies, et il résulta de ces nouvelles investigations qu'il n'y avait qu'un seul coupable, Tabouet ; et que l'on n'avait rien à reprocher à Pélisson. Tabouet fut condamné à la peine des calomniateurs, c'est-à-dire, suivant les anciennes chroniques : « à faire amende honorable, à genoux, pieds nus, en chemise, la torche à la main, la corde au cou, et à déclarer, dans cette attitude humiliante, qu'il avait faussement et calomnieusement chargé le premier président Pélisson et les sieurs de Boissonne et de Rozet, conseillers au parlement de Savoie, de crimes de fausseté et autres. Pour réparation de ses crimes, le parlement de Paris ordonna que « ledit Tabouet, après l'amende honorable faite à la Cour, sera conduit, sur une charette, au piloris des halles de Paris, par l'exécuteur de la haute justice, pour y être tourné trois fois ; qu'il sera conduit à Chambéry pour y subir la même peine, condamné en outre aux frais, ses biens confisqués et lui perpétuellement confiné dans la Savoie. »

Tabouet, réduit à la misère et couvert de confusion, mourut en 1562, laissant un certain nombre d'ouvrages, parmi lesquels il en est un qui porte le titre de *Epigrammata*. Ne serait-ce point là le plus gros crime de son auteur ?

———

LE COMMANDANT DE PLACE
DU PONT DE BEAUVOISIN

—

S'il est un personnage éminemment légendaire en Savoie, c'est le commandant de place. Rien qu'à prononcer ces mots : Un commandant de place, le rire éclate sur tous les visages, et chacun s'apprête à raconter *la sienne*. Une fois commencé, le chapelet n'en finit plus. Il n'est personne qui ne se souvienne de la naïveté de celui-ci, du calinotisme de celui-là. Mais il faut rendre aux commandants de place cette justice que, s'ils étaient d'une sévérité primitive sur la consigne, on n'a du moins à reprocher à aucun d'eux ce zèle excessif qu'on constate si fréquemment de nos jours, et qu'ils ont disparu de ce monde sans laisser après eux aucune trace d'injustice volontaire ni d'odieuse autorité.

Mais il en est ainsi dans le monde, et dans le monde politique plus particulièrement encore, c'est que les choses changent de nom, mais que rien ne s'annihile! Le commandant de place s'est réincarné dans quelque autre fonctionnaire, comme les augures ont revêtu de nouveaux ministères. Tout ce qui a existé existe encore, et la doctrine de la métempsychose trouverait aujourd'hui plus d'adeptes qu'autrefois, car tout le monde est devenu philosophe.

Or donc, il y avait, sous l'ancien gouvernement sarde, des commandants de place qui administraient les villes de la Savoie. Voici une histoire entre mille qu'on leur prête.

Un commandant de place avait reçu le signalement d'un conspirateur dangereux; il épluchait donc tous les voyageurs avec une extrême sévérité. Par aventure, un pair de France vient à passer dans la ville où résidait notre commandant, et voilà que, par aventure aussi, le pair de France avait le malheur de ressembler quelque peu au conspirateur signalé. Le vieil officier, mis en éveil par cette ressemblance, s'approche du voyageur, le regarde d'un air soupçonneux, et lui demande ses papiers. Le Français exhibe son passeport, que le Piémontais lit avec quelque difficulté. Après l'avoir lu : — Votre passeport, dit-il enfin, n'est pas en règle. Je ne vois pas votre état. Quel état faites-vous ? — Monsieur le commandant, je suis pair de France. — Père ! père ! répète le Piémontais, ce n'est pas un état. Tout le monde il est père ou peut être père ; moi aussi je suis père ; seulement, vous êtes père de France, et moi je suis père de Piémont. Vous ne m'entendez pas. Voyons : comprenez-moi bien, vous. Je vous demande, moi, quel est votre mestier, qu'est-ce qui vous donne da boire et da manger, là ? — Mais, monsieur le commandant, je n'ai pas de métier. — C'est bien, je le pensais aussi ; vous ne faites rien, vous êtes un homme inutile. — Pardon, monsieur le commandant, je vous le répète, je suis pair de France ; je discute les lois de mon pays. — Vous diskioutez, vous diskioutez ! Tout le monde il diskioute ; moi aussi, je diskioute ; mais ce n'est pas un mestier, ça, diskiouter. Ma, je n'aime pas les gens qui diskioutent, je vous en préviens. Et vous ne diskiouterez pas les lois du Piémont, sinon, je vous envoie diskiouter en prison. Tenez, ajouta-t-il en rendant le passe-port, puisque vous êtes incapable de me comprendre, vous ne pouvez pas être celui que je recherche, et qui est un malin.

Là-dessus, le commandant faussa compagnie au pair de France.

Assez d'une... de commandant, n'est-ce pas ?

LES QUATRE JOURNÉES
DE MONTMÉLIAN

—

Les émigrés français n'étaient pas d'une nature bien différente des réfugiés de la même nation. L'exil aigrit le caractère, et les uns et les autres étaient d'une égale habileté dans l'art d'inspirer peu de sympathie. Il n'était pas encore question de la Terreur que les émigrés s'éparpillaient déjà en grand nombre sur le sol étranger, et le voisinage où il était de la frontière française fit que Montmélian en eut plus que sa part. Ils étaient si nombreux que le prix des aliments nécessaires ne tarda pas à s'en ressentir. Tout devenait hors de prix, depuis que le nombre des consommateurs avait augmenté d'une manière si considérable. C'était à tel point que les habitants de la localité crurent devoir y mettre ordre.

Jamais on n'avait vu sur le marché de Montmélian autant d'acheteurs et si peu de marchandise. Cette disette excita les murmures du peuple, et des murmures on passe facilement aux voies de fait dans certaines contrées. Les sieurs Savoyen, Latourmente, Labouret et Fontanet se mirent à la tête du mouvement et allèrent sommer les émigrés qui se trouvaient tant dans la ville que dans les villages d'Arbin et de Françin, d'avoir à faire leurs malles dans le plus bref délai. On discuta au sujet de l'étendue de ce délai, et d'un commun accord il fut fixé à huit jours.

Les émigrés profitent du temps qui leur est accordé pour se pourvoir auprès du commandant de place, M. de Markley. Celui-ci s'empresse de faire venir de Chambéry un détachement de dragons et se propose d'opérer une vigoureuse résistance aux prétentions de ces bourgeois. A la tête des dragons, le commandant se rend à l'auberge du *Lion d'or ;* c'était le dimanche 16 mai ;

il met lui-même la main sur Savoyen et ordonne qu'il soit attaché. Il n'en fallait pas tant pour provoquer une émeute ; elle éclata. Les femmes et les enfants se mirent de la partie ; les dragons furent assaillis par tous les projectiles imaginables, et jugèrent à propos de déguerpir, qui d'un côté qui de l'autre. Un grand nombre furent tués, et plusieurs, dans leur fuite précipitée, tombèrent dans l'Isère. Markley lui-même s'était enfui, et l'on n'a jamais pu savoir dans quelle direction. Le peuple s'était armé de tout ce qui lui tombait sous la main, mais le pavé a fourni le plus gros de l'arsenal. On eut construit de véritables barricades si l'on avait eu le temps d'entasser les pavés, mais ils étaient aussitôt jetés à la tête d'un dragon qu'arrachés. Enfin, le commandant général de Chambéry, M. Dufour, vint à bout de calmer l'irritation publique. Ses paroles de paix ramenèrent le calme dans une localité plus habituée à l'héroïsme de la guerre étrangère qu'aux horreurs de la guerre civile, et tout rentra dans l'ordre. L'émeute avait duré quatre jours. Commencée le vendredi, elle s'était éteinte le lundi suivant. C'est un jour de plus que jamais Paris n'a su faire.

Cette anecdote est consignée dans le premier volume de la *Sabaudia*. M. Ernest Dalbanne a eu la bonne fortune de rencontrer chez un bouquiniste, à Paris, la « Relation des événements des quatre journées de Montmélian, » et il s'est empressé de livrer à la publicité ce précieux document, qui n'est pas le seul résultat de ses infatigables recherches.

LE MASSACRE DU GRAND-CHARNIER

—

On peut entreprendre l'ascension du Grand Charnier par Saint-Hugon ou par Allevard. Seulement, si la vue est plus belle par le premier chemin, par le second, en revanche, la pente est plus douce. Quelque sentier que l'on suive, on atteindra un plateau où croissent en abondance, dans des crevasses de rochers, le génépy dont le chamois est si friand, et l'arnica dont l'homœopathie a mis en relief les vertus précieuses.

Cette plate-forme, composée de blocs de rochers entassés dans un affreux désordre, a plus de 2,800 mètres d'altitude. Une croix est plantée à son sommet. Elle témoigne de la piété des bergers qui, au prix des plus grandes fatigues, l'ont érigée de leurs mains. Assis au pied de ce signe de la Rédemption, on découvre un panorama immense, qui embrasse les montagnes du Bugey, du Dauphiné et de la Savoie. Puis, au-dessus des plus hautes, apparaît le Mont-Blanc.

La tradition, d'accord ici avec l'histoire, et en même temps avec les chansons de gestes et les romans de chevalerie, place dans les gorges qui avoisinent le Grand-Charnier le théâtre d'un événement qui a laissé une profonde impression dans l'esprit des habitants de la contrée.

Les Sarrazins avaient été défaits par Charles-Martel, et les restes de l'armée d'Abdérame s'étaient dispersés dans toutes les directions. Mais le vainqueur ne se lassait point de poursuivre ces informes débris ; son frère Childebrand l'aidait dans cette besogne impitoyable. Quelques fugitifs parvinrent à se soustraire aux étreintes de l'implacable maire du palais des rois Francs, en se réfugiant sur le sommet des montagnes du Dauphiné et de la Savoie. Là, oubliés de leurs ennemis pendant plus de deux siècles, promptement familiarisés, par leur civilisation et leur esprit industrieux, avec la population indigène, qui les redoutait moins que les Francs, leurs communs adversaires, les Sarrazins se fortifièrent dans leur établissement, et, un beau jour, ils descendirent sur Grenoble et s'en emparèrent.

L'évêque Isnard, à l'approche de cette invasion inattendue, avait quitté son poste pontifical et s'était réfugié au monastère de Saint-Donat. Mais, revenu de sa première surprise, il sort de sa retraite, prêche une croisade contre les sectateurs du prophète, surexcite par son éloquence la ferveur des populations chrétiennes, convoque la noblesse du pays et lui promet les dépouilles des vaincus. Se faisant précéder de saintes reliques, il délivre la ville de Grenoble, chasse les Sarrazins de la vallée du Grésivaudan et refoule les infidèles jusques dans les montagnes d'où ils étaient sortis. Les poursuivant de de vallée en vallée, il les accule dans les gorges du Beins, où il massacre tous ceux qui refusent de recevoir le baptême. Le torrent roula des flots de sang, et le sol resta couvert de cadavres qui devinrent la proie des bêtes fauves. Le nom de Grand-Charnier, en rappelant ce carnage, conserve au lieu qui en fut le théâtre une triste célébrité.

LE COUVENT DE SAINT-CLAIR

—

Le bourg de La Rochette occupe le haut de la vallée à laquelle il a donné son nom. Sa position est délicieuse ; la campagne qui l'entoure est d'une grande fertilité, et tous les environs de cette localité respirent l'aisance et le bien-être. Les seigneurs de La Rochette jouèrent un moment un rôle important dans les affaires de la Savoie, et notamment dans l'acquisition faite par Thomas du château de Chambéry. L'un deux, Guigne, fonda auprès de son manoir le couvent des Carmes qui occupait un vaste espace de terrain sur la rive gauche du Gelon et qui, vendu en 1793, fut ensuite divisé en un grand nombre de petits jardins qui semblent se détacher comme les cases d'un échiquier. Néanmoins, une partie du bâtiment est aujourd'hui affectée au presbytère, et l'ancienne chapelle du couvent est devenue l'église paroissiale sous le vocable de Notre-Dame des Carmes.

Les Carmes de La Rochette ne paraissent pas avoir possedé des richesses considérables ; ils étaient du reste limités dans leur développement par de puissants voisins qui, par leur richesse et leur activité, se montraient redoutables. Nous voulons parler des moines de Saint-Hugon. En effet, ceux-ci étaient propriétaires du lac de Saint-Clair, lac charmant qui se trouve à l'extrémité supérieure de la vallée et à très petite distance du couvent des Carmes. Les disciples de saint Bruno pouvaient ainsi varier leur frugale nourriture et agrémenter leur abstinence des truites du Beins et des anguilles du lac.

Ces religieux possédaient aussi, sous les yeux de ces pauvres Carmes moins heureux, des vignobles magnifiques, au milieu desquels ils avaient établi une chapelle, dont ils touchaient les oblations et une maison confortable, où ils venaient passer agréablement le temps des vendanges. C'est à cette masure qu'on donne, dans le pays, le nom de couvent de Saint-Clair, quand même ce ne fut jamais qu'un cellier appartenant au couvent de Saint-Hugon.

Objet d'une prédilection spéciale de la part des vénérables pères, la culture de la vigne fit de rapides progrès dans ces contrées. Ils défrichèrent eux-mêmes ces coteaux dont les plus fameux portent le nom de *Côte rouge* et de *Côte blanche*, d'après la couleur du vin qu'ils produisent. C'est grâce aux soins vigilants de ces moines laborieux que l'on voit aujourd'hui ces pampres verts étaler au soleil leurs grappes remplies de si douces promesses. Ils ont disparus, hélas! ces bons chartreux, mais tout en ces lieux témoigne de leur remarquable prévoyance. Aussi les amis de la dive bouteille, et il n'en manque pas dans le pays, bénissent-ils sans cesse le souvenir de ces hommes de bien qui, tout en s'occupant des choses du ciel, ne négligeaient point celles de la terre.

LE VEUVAGE DU COMTE HUMBERT

—

S'il est vrai de dire que ne devient pas veuf qui veut, on peut bien dire aussi : ne demeure pas veuf qui le désire. Le comte Humbert était profondément désolé de la mort de sa seconde femme. Pour être libre de s'abandonner à sa douleur il recherchait la solitude. Il eut la consolation de rencontrer une véritabble thébaïde sur les rives du lac du Bourget, et il s'y trouva si bien qu'il y fonda Hautecombe. Il y appela quelques religieux qui s'empressèrent d'accourir. Tous ensemble ils se mirent à mener une vie de douce pénitence et d'agréable piété, si bien que Humbert ne put plus se décider à sortir de son désert.

Mais de ces deux mariages il n'avait pas eu d'enfants ; sa retraite et son intention de vivre et mourir dans le veuvage lui enlevait toute espérance de postérité. Si c'était là le moindre des soucis du prince, cela ne faisait pas l'affaire de ses sujets.

Quand les prélats, les ecclésiastiques, les barons et nobles et tout le peuple des pays et seigneuries du comte Humbert, virent qu'il s'était décidé à quitter le monde sans laisser de successeur, ils furent mal contents et ils firent une assemblée des trois états à Chambéry. Là fut délibéré qu'on enverrait une députation au comte, pour lui remontrer bon gré mal gré son errement. Les députés partirent de Chambéry et vinrent au Bourget ; là ils se mirent sur le lac et voguèrent jusqu'à Hautecombe.

Nous ne reproduirons pas le texte de la harangue prononcée par le chef de la députation ; nous nous bornerons à dire qu'un débat fort animé s'éleva entre le prince et ses sujets, que les députés lâchèrent toutes les écluses de leur éloquence, et que le comte ne brillait pas dans sa défense, qui ne s'appuyait que sur un égoïste entêtement. On est prince ou on ne l'est pas ;

si on l'est on se doit à ses sujets. Ce principe est de règle dans la maison de Savoie : Humbert seul le perdit de vue un instant.

Les compagnons de solitude du prince ne savaient pas trop quelle contenance faire dans pareille situation. Les députés eurent même un moment l'idée que les religieux faisaient leurs efforts pour garder le prince au milieu d'eux. Alors le chef de la députation leur adressa la parole avec moult sévérité. — « Nous bouterons le feu en l'abbaye, nous détruirons votre religion, si..... »

Alors les moines se rangèrent à l'avis des députés. Ils joignirent leurs instances aux remontrances de ces derniers, et, grâce à ces efforts combinés, Humbert promit qu'il reprendrait femme, mais à la condition qu'il n'eût pas la peine de la chercher.

LA GROTTE DE RAPHAEL

—

Quel plaisir que de pouvoir changer de parrain au gré de ses caprices ! Se présente-t-il un capitaine, aussitôt le lieutenant Georges Brown est mis de côté. Se présente-t-il un colonel, le capitaine éprouve à son tour le sort qu'il a fait éprouver. Et ainsi de suite, jusqu'à l'épuisement complet du dévouement humain d'une part et de l'activité paternelle de l'autre.

Il y avait autrefois à Bordeau...

Nous n'entreprendrons pas de décrire le site de ce monument féodal, ni de résumer son histoire. Un livre est sous presse qui traite de l'un et de l'autré par le menu, et dont les quelques feuilles que nous avons lues nous paraissent inspirer la plus vive curiosité et mériter le plus grand intérêt. Ce nous semble un crime que de déflorer le plaisir que nos lecteurs, amis de tout ce qui se rattache à l'histoire de notre cher pays, éprouveront à la lecture du *Bordeau*, etc., de notre infatigable archéologue, M. Maillaud.

Donc, passons. Il y avait autrefois à Bordeau une grotte qu'on appelait la Grotte des Fées. Il y en avait même deux. Séparées du manoir par une anse naturelle qui sert de port aux bateaux pêcheurs, s'ouvrent dans le rocher deux grottes dont l'entrée est à fleur d'eau, et où l'on ne peut aborder qu'en gondole. Jusqu'au jour trois fois béni où Lamartine a posé son pied d'ange sur les galets du lac du Bourget, les Fées jouissaient de l'avantage inestimable qui consiste à assumer la responsabilité de tout ce qui se passe autour de leurs autels. Mais arrive un capitaine, et le lieutenant passe au second plan, en attendant qu'il s'efface dans les brouillards du souvenir.

Que disons-nous, un capitaine, ce serait..... Mais non, il n'est pas un grade dans l'armée qui corresponde à l'échelon que Lamartine occupe dans le monde des lettres.

Or, Lamartine affectionnait tout particuliè-
ment les grottes de Bordeau ; on dit même
qu'il préférait l'une à l'autre. C'est la privilé-
giée que l'on a débaptisée au profit de l'auteur
de *Raphaël*, car on assure que c'est là qu'il aurait écrit les plus belles lignes de ce livre qui
est sa plus belle page. Quant à la méditation
Le lac, il y a tant de lacs qui s'en font honneur
et tant de localités riveraines qui s'attribuent la
gloire de l'avoir inspirée, que nous la traite-
rons comme une œuvre cosmopolite. En effet,
quel peuple serait insensible à ce que l'harmonie
a produit de plus divin, et que Niedermeyer a
ramené à une formule plus humaine, dans le but
généreux d'atténuer une splendeur qui pourrait
compromettre l'ouïe comme trop de rayons lu-
mineux compromettent la vue. Les Fées n'ont
pas déserté ces parages quand même ; au contraire. On dit qu'elles ne les ont jamais plus
fréquentés que depuis que chaque vague ap-
porte sur la rive une strophe du poète angéli-
que.

—

LES DEUX RAMEAUX D'HAUTE-LUCE

—

Est-ce de là que nous vient la lumière ? Quoiqu'il en soit, la vallée de Beaufort ne prit cette dénomination qu'ensuite de la construction d'un fort au sein de la vallée de la Luce, et il subsiste encore le nom d'Haute-Luce attaché à une commune du canton.

Dans cette commune, comme partout du reste, il devait y avoir une forgeron. Ce forgeron était le Favre, le *faber* de la localité. Mais pour être forgeron on n'en est pas moins homme. Et la preuve, c'est que le forgeron d'Haute-Luce, sans pousser d'une manière exagerée à la consommation du mariage, comme son collègue de Gretna-Green, s'est chargé de multiplier lui-même et il a produit une innombrable lignée.

Chacune de ces lignées a dû s'arranger à se distinguer des autres. L'une d'elles est devenue la famille de Favre-Clavairoz. Il faut voir, dans ce surnom, que le premier qui le porta remplissait quelque fonction dont les clefs sont l'attribut indispensable.

Les Clavairoz n'ont pas été moins prolifiques que le fondateur de la dynastie des Favre. L'un des rameaux de cette branche nouvelle est personnifié par le père Chitou, appelé aussi l'aveugle ou le violoneux de Beaufort, et l'autre rameau est représenté par Jules Favre et son frère.

Celui-ci, Léon Favre, appelé au poste de consul général à Trieste, par Jules Favre ministre des affaires étrangères, a jugé à propos d'ajouter à son nom de Favre, sous lequel seul il était connu jusqu'alors, celui de Clavairoz. On a vu dans ce fait un procédé peu conforme aux opinions politiques de la famille; c'est à tort. Cet attachement au sobriquet de Clavairoz prouve que celui qui le rattache à son nom est justement fier de sa modeste origine.

Mais voyez la bizarrerie des événements : d'une même branche naissent deux rameaux. L'un de ces rameaux est aveugle, ça ne l'empêche pas de chanter, car le père Chitou c'est le chansonnier de la contrée, c'est le Béranger de la vallée, et tout le monde vous redira les refrains que sa verve patriotique lui a inspirés. L'autre, clairvoyant comme personne, ne chante pas, lui, il pleure.

LA FUMÉE DES TROIS HULLIONS

—

Le premier s'appelle Gros-Jean, le second
Jean-Jean et le troisième Petit-Jean. Ils domi-
nent tout le bassin des Arves et les contrées
d'alentour. Leurs têtes sont sillonnées par la
foudre, à 3,500 mètres de hauteur. Il va sans
dire que nous parlons de trois montagnes, ou
plutôt de trois pics, les trois Hullions ou les ai-
guilles d'Arves.

Les trois Hullions sont légendaires dans les
vallées de la Maurienne. Leurs flancs recèlent
des filons d'or que les montagnards exploitent
à leurs moments perdus. Mais tous ses orpail-
leurs ne sont pas également favorisés. Heureux
celui qui est en bon rapport avec le prince des
ténèbres, ou tout au moins avec quelque diablo-
tin de sa cour ! Le prince des ténèbres règne
sans contrôle sous le sol de la Maurienne ; c'est
lui qui est le maître souverain du tréfonds, et

par conséquent, les mines d'or, d'argent ou de cuivre rentrent dans son domaine.

Etes-vous parvenu à gagner son affection ? — cette affection n'est pas impossible — elle sait se montrer, et ses manifestations sont productives d'intérêt. Mais le diable ne saurait manifester ses sentiments à la façon d'un simple mortel ; il met du mystère partout. Et, avec sa manie d'imiter le faire du bon Dieu, quand cela se présente, étonnez-vous qu'il suscite une fumée légère au-dessus des gisements de la poudre aurifère ! Cette fumée trahit la présence de l'or, et quand vous voyez cette fumée, dites bien que le diable vous exauce. Suivez-la, creusez à l'endroit d'où elle se dégage et votre fortune est faite.

Cependant, pour rester dans la vérité, nous devons dire que les privilégiés passent aux yeux des esprits forts de la contrée pour des gens crédules et d'intelligence bornée, et que pour peindre la simplicité et la niaiserie de quelqu'un, on dit qu'il a vu la fumée des trois Hullions.

LES DEUX ÉBOULEMENTS DE BRIDES

—

Le livre de Job est une admirable complainte. C'est le plus ancien monument littéraire qui soit dans la main des hommes, si l'on en croit certains théologiens ; mais c'est encore une histoire tellement vraie qu'on la voit se renouveler tous les jours. Quel est le fond de l'histoire du bonhomme si ce n'est cet aphorisme : celui qui donne peut reprendre, et celui qui, après avoir reçu, se trouve un beau jour Gros-Jean comme devant, n'a pas le droit de se plaindre.

Or, en mathématique, la réciproque d'une proposition vraie est également vraie. Ce doit être ici le même cas. Celui qui dépouille sait restituer, et Dieu ne se fait pas faute d'user de toutes ses prérogatives.

Le village de Brides possédait jadis une source dont il ignorait la valeur intrinsèque. Cette source, mécontente sans doute du peu de cas qu'on faisait d'elle, profita d'un éboulement de montagne pour se perdre et disparaître. Il y avait longtemps qu'on ne songeait plus à elle quand, en 1809, un glacier qui se prolongeait au fond des gorges supérieures de Champagny, entraîna dans sa chute tant de débris de toute sorte, qu'il en résulta un barrage puissant qui retint les eaux du courant. Celles-ci, refoulées sur elles-mêmes, se rassemblèrent à Brides et formèrent comme un petit lac. En 1818, l'effet de la pression produite par cette masse liquide, rompit le barrage, une débâcle impétueuse survint et toute la vallée fut ravagée de fond en comble. Le cours du Doron se vit déplacé et sa direction nouvelle, entraînant l'ancien éboulement qui, depuis plusieurs siècles, recouvrait la source précieuse, la fit sourdre de nouveau, à la grande joie des habitants qui, alors, lui ont fait l'accueil qu'elle mérite.

Après le premier éboulement, Brides était

pauvre comme Job seconde manière; mais après le second éboulement, Brides prend le chemin d'être comme Job aux plus beaux jours de sa splendeur.

LES CLOCHES
DU LAC DE SAINTE-HÉLÈNE

—

On a appelé la Suisse le pays des lacs ; c'était bien plutôt de la Savoie qu'on pouvait parler de la sorte. Les lacs de la Suisse lui sont pour la plupart disputés par les nations voisines ; il n'est guère que les étangs réunis sous le nom de Lac des Quatre-Cantons, et la jolie pièce d'eau qui baigne les petits pieds de l'élégante Zurich, qui soient des lacs véritablement suisses. Quant au lac de Genève, la France en a sa part et ne la donnerait pas pour un troisième empire, et l'Allemagne n'est pas encore si mal dans ses affaires qu'elle fasse si bon marché de ce qui lui appartient du lac de Constance.

Si nos lacs de Savoie sont petits, il ne faut en accuser que leur antiquité. Les lacs se comblent, et celui-là qui est le plus comblé peut se vanter de posséder le plus de lustres. Le lac du Bourget avait primitivement une autre étendue. On en peut dire autant du lac d'Aiguebelette, et quelle antiquité n'attribuera-t-on pas au lac de Sainte-Hélène ? Le siége de Saint-Jean-d'Acre est d'hier, le siége de Troie d'avant-hier, si l'on juge de l'antiquité du lac de Sainte-Hélène d'après ses rives. Son origine remonte bien au-delà du *Diluvium,* ce déluge qui précéda d'un nombre incalculable d'années celui dont Noë fut le héros.

Le lac de Saint-Hélène est formé, ou alimenté, si l'on veut, par une infinité de sources imperceptibles qui forment de petits ruisseaux ; et les petits ruisseaux ne se bornent pas à faire de grandes rivières, ils font aussi des lacs. Il est vrai que le Coisin vient à leur aide. Le Coisin ressort du lac pour aller se perdre dans l'Isère, après avoir répandu la fertilité sur son passage.

Il va sans dire que, depuis la découverte des lacustres, le lac de Sainte-Hélène a été exploré à son tour. On l'a fouillé dans tous les sens, et l'on a trouvé que là aussi une génération vivait qui se servait d'un couteau de bronze pour couper son pain et d'une lame de silex pour se faire ¡a barbe. La tradition en savait déjà bien plus long que les savants n'en ont découvert. Elle nous apprend que cette génération préhistorique avait des cloches, et cela suppose un clocher. Du reste, en cela, rien d'extraordinaire, car la cloche est de bronze, et nous serions plus étonné de la trouvaille en ces lieux d'un petit couteau de Saint-Claude.

Or, les cloches sont babillardes de leur nature. Mais si elles ont été réduites au silence pour expier quelque méfait dont les détails ne sont pas parvenus jusqu'à nous, le souverain justicier qui punit sait aussi alléger la peine du criminel, quand celui-ci se montre digne d'une telle faveur. Il paraît que ces cloches coupables se sont amendées au gré du Seigneur, car il leur permet de temps en temps de reprendre leur conversation au point où elle avait été interrompue. Promenez-vous au bord du lac un jour de fête solennelle, prêtez l'oreille, et vous entendrez un carillon qui vous charmera.

L'heure la plus favorable pour assister au phénomène, c'est au lever du soleil. Mais, hélas ! il n'y a que les gens vertueux qui aiment à voir lever l'aurore.

LE CANAL DE SAVIÈRES

—

Le château de Châtilon eut l'honneur de donner le jour à un pape; Célestin IV était seigneur de Châtillon. Aussi ce manoir avait-il anciennement assez de crédit pour imposer son nom au lac qui s'étend à ses pieds, et le lac du Bourget, figure souvent, dans les actes du moyen-âge, sous le nom de lac de Châtillon.

Mais ce n'est point parce qu'un château aurait donné naissance à un pape, qu'il lui serait interdit d'en faire autant à une belle damoiselle. Châtillon ne s'est pas cru papiste à ce point-là, et l'on parle encore de la belle châtelaine auprès de laquelle accouraient tous les seigneurs d'alentour. Sans user du procédé de Pénélope, la belle n'en avait pas moins une habileté rare à faire faire le pied de grue à ses adorateurs.

Néanmoins, il s'en rencontra un pour lequel la coquette s'éprit si bien que ce fut à son tour de croquer le marmot. Un damoiseau du Bugey était parvenu à subjuguer le cœur et l'esprit de la jeune fille, à tel point qu'elle n'en dormait plus ni la nuit ni le jour. Mais, ainsi que cela se présente et se renouvelle souvent, quand une coquette s'éprend d'amour, c'est en faveur du plus indigne des soupirants. Or, le plus indigne est non seulement le plus fat mais encore le plus insensible.

Elle parvint pendant longtemps à dissimuler sa flamme aux yeux des rivaux de celui qui l'inspirait, et son petit commerce de coquetterie continuait à fleurir au château de Châtillon. Les amoureux s'y présentaient en grand nombre et y tenaient séance ; mais l'aimé n'y mettait pas tant d'ardeur. A peine y faisait-il quelques rares apparitions, dont la durée était si courte qu'on peut dire qu'il paraissait et disparaissait comme un éclair.

Enfin la belle n'y tint plus, et prit la détermination d'aller elle-même relancer l'insensible au fond du château où il se tenait blotti. Mais comment faire pour échapper à la surveillance paternelle ? Comment se soustraire à cette surveillance assez longtemps pour franchir les distances, pour aller et revenir, quand les chemins sont longs et presque impraticables ? L'amour ne connaît pas d'obstacles. La jeune châtelaine trouva le moyen de supprimer ces distances : avec le seul secours de sa fille de chambre, dévouée comme personne, et à l'aide des seuls instruments qui fussent en ses mains, tels que ciseaux, poinçons et autres outils peu accoutumés à ce travail, elle creusa le canal de Savières. L'eau du lac qui, de son côté, éprouvait un vif désir de se joindre au plus tôt à celle du Rhône, se prêta à l'opération. Bientôt elles envahirent le sillon tracé par la jeune fille, développèrent ce sillon de manière à s'en faire un lit convenable, et tout alla si bien que quelques jours suffirent pour accomplir à la fois les vœux du lac du Bourget et ceux de la châtelaine de Châtillon. Le canal de Savières réunit les deux ondes et rapprocha les amoureux ; car il faut bien le dire, ce travail de géant accompli par une jeune fille avait fini par ébranler le gentilhomme au cœur de bronze en l'honneur duquel il avait été entrepris. Il ne put résister à cette dernière séduction ; il tomba amoureux à son tour. Cela dura ce que cela dura ; mais le père de l'entreprenante châtelaine ne sut jamais à quel ingénieur il était redevable de ce précieux canal de Savières. Il se contenta de l'utiliser de son mieux, d'en faire une source de droits de péages, et de s'en servir pour aller voir ce qui se passe sur les brouillards du Rhône.

NOTRE-DAME-DES-NEIGES DE PEISEY

—

Peisey est une commune de la Tarentaise, située sur les bords de l'Isère, et qui a plus d'importance sous terre que dessus. Elle abonde en mines, et ces mines ont été l'objet de l'attention de tous les gouvernements qui ont passé sur la Savoie.

La découverte de ces mines se perd peut-être dans la nuit des temps ; mais leur exploitation ne remonte pas si haut. Elles ne furent réellement exploitées d'une manière sérieuse qu'en 1784 par une compagnie anglaise. Le minerai qu'elles donnent est un plomb argentifère à grains très fins. En 1760, la Compagnie anglaise, à qui ses bénéfices avaient suscité bon nombre d'envieux, se vit évincée de ces mines par un arrêt de la Chambre des comptes de Turin. Une nouvelle compagnie, celle-ci composée uniquement d'indigènes, lui succéda. Elle avait à sa tête M. de la Tour-Cordon, qui finit par

accaparer toutes les parts des autres sociétaires.
En 1793, l'émigration de M. de la Tour-Cordon
fit passer toutes ses possessions au domaine de
l'Etat, et les mines de Peisey devinrent propriété
nationale.

L'Etat, qui, de sa nature, est mauvais entre-
preneur, ne s'inquiéta pas des mines de Peisey;
mais Napoléon y songea tout à coup, et, avec la
rapidité qu'il mettait dans l'exécution de tous
ses plans, il institua à Peisey une école pratique
pour les mineurs. Les mines d'abord ne furent
exploitées qu'au point de vue de l'école, et les
filons, à ce compte-là, en auraient eu pour longtemps avant d'être épuisés.

En 1815, une nouvelle société particulière
avait repris l'exploitation de ces mines, quand
ses travaux furent suspendus par une inondation considérable qui s'était produite dans les
galeries les plus avantageuses.

On peut juger de l'avantage qui résulte pour
le pays de l'exploitation de ces mines par ce fait
qu'avant leur mise en rapport, les indigènes
étaient forcés de s'expatrier pour chercher le

pain que la pauvreté du sol s'obstinait à leur refuser, tandis que depuis que le sous-sol s'est montré
plus généreux, on émigre beaucoup moins, on
reste fidèle au sol natal et au culte des traditions.

Les habitants de Peisey ont une foi toute particulière en leur Notre-Dame-des-Neiges. La
chapelle de cette Vierge est située à proximité
des mines qui s'ouvrent presqu'à la cime de la
montagne, et son altitude lui a bien mérité son
nom. Les jeunes gens, filles et garçons, se mon-
trent même envers Notre-Dame plus fervents
que les vieillards ou les enfants. Les filles en
quête d'un mari, les garçons désirant prendre
femme se rendent à l'oratoire en pèlerinage et
vont supplier la mère de Dieu d'exaucer le vœu
de leurs cœurs. Comme on le pense bien, la
supplique est toujours favorablement accueillie,
et ce serait vraiment dommage qu'il en fût autrement, car la population est très belle. Les
garçons sont forts et robustes, les filles jolies et
avenantes ; tous ne demandent qu'à croître et à
multiplier.

LE MEUNIER DES CHARMETTES

—

Il n'est pas donné à tous les beaux vallons de ce monde d'avoir été décrits par la plume de Jean-Jacques Rousseau, et celui des Charmettes est privilégié au point qu'il est connu de l'univers tout entier, et que, si l'on ne vient pas à Chambéry tout exprès pour visiter ce vallon, au moins quiconque vient à Chambéry se croit en devoir de faire un pèlerinage au *réduit* qui fut habité par Jean-Jacques.

Mais le nom des Charmettes ne s'applique pas exclusivement à l'habitation que M. de Noiret avait mise à la disposition de Mᵐᵉ de Warens ; ce nom s'applique à une certaine étendue de territoire, renfermant maison forte et moulins. La maison forte des Charmettes fut longtemps la propriété du président Favre ; elle est aujourd'hui celle de M. l'avocat Rivet. Le moulin appartenait jadis à l'abbaye d'Hautecombe et le produit de ce moulin constituait le plus net des revenus de l'abbaye.

Dans une charte de 1391, on voit le couvent d'Hautecombe concéder à noble Pierre de Lompnès le moulin des Charmettes, situé au-dessous de la maison forte, sur le nant Barrail. Aujourd'hui le moulin n'existe plus, et Calino en trouverait aisément le motif : c'est que ce qu'on appelait le nant Barrail n'est plus même un ruisseau. Pas d'eau, pas de moulins, à moins que le vent ne s'en mêle, et alors ce n'est plus au fond des vallons qu'il faut chercher ces monuments de l'industrie primitive, c'est au sommet des coteaux.

Pour être meunier on n'en est pas moins exposé aux coups de foudre. Ce noble Pierre de Lompnès avait daigné couvrir son blason de farine ; mais cela ne le mit pas à l'abri des soupçons. On sait que le comte Rouge mourut d'une manière inattendue et que les circonstances de cette mort sont toujours demeurées mystérieuses. On en accusa tout le monde, et le seigneur meunier des Charmettes fut lui-même accusé d'y avoir pris une part considérable. Accusé, c'était être condamné. En effet, il fut supplicié de la manière la plus horrible. On le traîna par les rues de Chambéry, attaché à la queue d'un roussin acheté tout exprès d'une juive; ensuite on lui trancha la tête, on partagea son corps en quatre quartiers, dont chacun fut exposé dans les quatre principales villes des Etats du comte. Enfin, selon l'usage des temps, on confisqua tous ses biens.

Cela c'est de l'histoire, et on n'en contestera pas la couleur sombre; mais ce qui va suivre c'est de l'histoire aussi, et pourtant ce n'en a pas l'air. C'est si rare, en effet, de voir les tribunaux de toute espèce avouer qu'ils se sont trompés alors qu'ils ont condamné un innocent, qu'on a peine à en croire ses yeux quand on lit une réhabilitation judiciaire.

Quelque temps après le supplice de noble Pierre de Lompnès, il fut reconnu innocent du crime qui lui avait été imputé. Le Sénat de Savoie ne pouvait lui rendre la vie, il réhabilita sa mémoire.

LE GENOU DE SAINT JACQUES

—

Aime est un véritable musée archéologique.
On y trouve à tous les pas des pierres épigra-
phiques et des débris précieux d'anciens monuments. On présume que c'est le *Forum Centronum*
des auteurs latins. Au moyen-âge, elle portait
le nom d'*Axima* et s'était acquis une réputation
considérable par la qualité du safran qu'elle
produisait et qui était fort recherchée dans le
commerce, à une époque où l'on faisait un fré-
quent usage de ce condiment. En 1793, Aime
fut débaptisée. Elle quitta son nom, qui pourtant n'a rien de désagréable, pour s'appeler *Les
Antiquités.* Que devaient penser les jeunes filles
de s'entendre désigner comme étant des Antiquités ? Il est vrai de dire que, dans les temps
profondément troublés, où le citoyen est tout,

la jeune fille n'est rien. La cité romaine n'a, du reste, disparu qu'au ve siècle. L'Isère et les torrents qui sillonnent la vallée se sont coalisés dans un but de destruction, et ils ont eu raison de la vieille cité.

L'endroit le plus intéressant du bourg, qui est, il faut bien le dire, un chef-lieu de canton, se trouve à son extrémité orientale. Là, un pont en charpente, un torrent fougueux formé par la réunion du Combozet, du Loirant et de l'Ormante (euphémisme pour l'eau dormante), des usines aux grandes roues, des maisons aux constructions bizarres, les tours rondes et les tours carrées de la vieille résidence du Maney, des bouquets de verdure et une avenue de beaux arbres, tout cet ensemble constitue un tableau très pittoresque.

Mais il est à l'entrée du bourg une curiosité qui attire nos regards. C'est un escalier taillé dans le roc et qui monte du bourg à la chapelle Saint-Sigismond. Là, des croix, des *ex-voto* rappellent la piété que manifestèrent les habitants lorsque le choléra sévissait contre eux, en

1853. Ces objets ne nous empêchent pas de considérer la marche de cet escalier qui porte l'empreinte du genou de saint Jacques. L'apôtre gravissait le sentier ; il fit un faux pas, — ce qui peut arriver à tout le monde, même aux saints, à ce qu'il paraît. — Mais Dieu veillait sur son serviteur. Au moment où le saint tombe, le rocher s'amollit, comme fait la cire sous l'action de la chaleur, et cette circonstance providentielle amortit pour le bienheureux une chute qui aurait pu lui devenir funeste et qui heureusement n'eut pas de suite.

LE BAMBIN DES ALLUES

—

Au fond de la combe que domine la station balnéaire de Brides, le Doron vous révèle sa présence par le bruit qu'il fait, et c'est le cas de dire qu'il fait plus de bruit qu'il n'est gros. Cette branche du Doron s'appelle le Doron des Allues. Suivez, en effet, le sentier qui se dessine devant vous ; il est d'une raideur vertigineuse, suspendu sur le précipice mais abrité sous de larges branchages de sapin ; il vous conduira à l'agreste et important village des Allues.

Nous ne parlerons pas des *tumuli* gaulois qu'on a découverts dans ces parages, ni de la maison de plaisance qu'y possédaient les archevêques de Tarentaise. Nous nous bornerons à signaler une coutume locale qui présente son côté pittoresque. Le jour de Noël, les enfants du village se réunissent, on pourrait plutôt dire s'ameutent, au devant des maisons des jeunes mariés, et crient à tue-tête : *Allu ! allu ! Madame est grosse !* Que cela soit vrai ou non, les jeunes époux s'exécutent de bonne grâce et jettent aux tapageurs des noisettes, des noix ou autres brinborions, que la génération future se dispute des poings et des dents.

Cet usage se rencontre également à Annecy, avec cette différence que les *allouyes* ont lieu le premier dimanche de carême et que les époux qui dans l'année, c'est-à-dire de Pâques à Carnaval, ont fructueusement employé leur temps sont exempts de la sérénade des petits drôles. Cela s'appelle gagner les *allouyes*. Mais nous croyons devoir en faire remonter l'origine au village des Allues ; son nom nous est garant que cet honneur lui appartient. En effet, il est assez difficile de trouver l'origine du mot *allouya*, que les enfants d'Annecy savent déjà bégayer en venant au monde, à moins qu'on ne le fasse remonter à la population chez laquelle il semble avoir pris naissance. La population d'Annecy ne se doutait pas de commettre ainsi un plagiat manifeste. Nous devons ajouter qu'Annecy a eu le bon esprit de modifier cet usage et d'en mettre de côté ce qu'il présente d'odieux. En effet, aux Allues, la cérémonie ne se borne pas à cette distribution de noisettes, les enfants y sont plus exigeants ; ils renouvellent leurs cris jusqu'à... ce que père et mère présentent à la fenêtre un nouveau-né. S'il n'y en a pas encore au ménage, et qu'on veuille se soustraire à cet impôt qui frappe la lune de miel, on en emprunte un chez le voisin. Le marmot, du haut de la fenêtre, se rend compte de ce qu'il sera bientôt ; il en pleure. Alors, les enfants qui ont si fort réclamé sa présence n'ont rien de plus pressé que de se retirer dès qu'il a été fait droit à leurs désirs si bruyamment manifestés. On dirait qu'une terreur soudaine s'empare de tous ces petits scélérats, et qu'il suffit d'un enfant qui leur ressemble pour les mettre en fuite.

L'APOLLON DE RUFFIEUX

—

La Chautagne pourrait disputer à la contrée de Saint-Pierre-d'Albigny l'honneur d'être appelée le rognon de la Savoie. C'est en effet la contrée la plus prospère ; sa fertilité est proverbiale et son vin est, de l'avis de tous, considéré comme le meilleur qui se puisse boire tous les jours.

Chindrieux est la commune la plus considérable de la Chautagne, et pourtant ce n'est pas elle qui a l'honneur d'être le chef-lieu du canton : c'est Ruffieux. Le motif, nous croyons l'avoir trouvé.

Le canton de Ruffieux est celui qui fournit à la conscription le plus beau contingent. Les réformes sont rares à la révision de Ruffieux. On défalque de la liste cantonale les exemptions légales et tous les inscrits peuvent passer sous les drapeaux.

Dans ce cas, c'est plus encore à Chindrieux qu'à Ruffieux qu'en revient l'honneur, car le contingent de l'un est plus nombreux que celui de l'autre. Mais Ruffieux, outre l'avantage de sa position centrale, prétend que son influence n'est pas étrangère à ce phénomène. En effet, Ruffieux possède une église dans les murs de laquelle on a eu l'heureuse idée d'en- châsser un votif romain consacré à Apollon. Apollon ne peut refuser une protection toute particulière à des chrétiens qui savent ainsi transiger avec tous les cultes, et la protection d'Apollon se manifeste par la production d'hom- mes aussi beaux que lui.

Et voilà pourquoi Ruffieux est un chef-lieu de canton quand l'importance relative de cette commune semblerait devoir lui assigner le se- cond rang.

LA LÉGENDE
DU GÉNÉRAL DE BOIGNE

—

_ Un amateur ouvrit un pari sur le boulevard·
des Italiens : — Je gage, dit-il à ses amis, que je
parcours tous les boulevards en offrant des
pièces de cinq francs à vingt-cinq centimes la
pièce et que je reviens auprès de vous sans
qu'un seul acheteur ait étrenné ma boutique.—Le
pari fut accepté et gagné par celui qui l'avait
proposé. Personne ne voulut croire qu'une pièce
de cinq francs qui se donnait pour vingt-cinq
centimes put valoir cent sous.

L'humanité est méfiante de son naturel. Trop
de bienfaits engendrent chez elle la suspicion, et
c'est extrêmement maladroit que d'être trop généreux. Ce fut là le crime du général de Boigne,
et il ne manqua pas d'habiles traducteurs pour

faire des versions de toute sorte sur la provenance de la fortune de cet ingénieux bienfaiteur. On imagina que les sources auxquelles il avait puisé étaient plus ou moins altérées, que les Anglais lui avaient payé certain denier de Judas. Il fau', en effet, une fière reconnaissance pour supporter tant de bienfaits ; c'est plus commode de se secouer de l'une tout en profitant des autres.

Et cependant, rien n'est plus simple que la vie du général de Boigne ; son seul tort est de s'être passée au loin. Or, s'il est facile de mentir à qui vient de loin, c'est bien plus facile encore d'en médire. Les romanciers, qui s'emparent avec voracité de tout ce qui peut leur fournir une scène ou un épisode, ont personnifié le général savoyard dans je ne sais plus quel personnage qui fit bon marché de son roi. La noblesse savoyarde, mécontente de voir pénétrer au milieu d'elle un ex-marchand de pelleterie, a imaginé sa petite histoire pour déconsidérer le nouveau venu. Le peuple s'est laissé mener la main par tous ces prestidigitateurs et s'est trouvé en possession de la carte forcée. Il a adopté les idées qui lui étaient suggérées par la noblesse, d'autant plus que cela accommodait ce vice odieux mais assez naturel qu'on a baptisé du nom de l'indépendance du cœur.

Et voilà comment il arriva que M. de Boigne, qui valait bel et bien un écu de cinq francs, ne trouvait pas, dans un temps, acheteur à cinq sous.

Mais le préjugé s'est dissipé ; il ne se manifeste plus que par la honte qui reste au front de celui qui a pu se laisser circonvenir par de semblables maléfices. Le jour s'est fait et la lumière, répandue à profusion, a éclairé le tableau d'une vie d'audace, c'est vrai, mais de droiture, de fermeté et d'intelligence. Si c'est au pied du mur qu'on peut juger du maçon, dites un peu quel cœur il avait celui qui a su faire de sa fortune l'ingénieuse et émouvante distribution qui suit :

Pour la construction du clocher de Barberaz. Fr.   8,000
Pour la construction d'une aile de l'Hôtel-Dieu
  de Chambéry 63,000

A reporter...... 71,000

Report........	71,000
Fondation d'une place aux Orphelines . .	7,300
Fondation de trois lits à l'Hôtel-Dieu . .	22,400
Pour la construction du théâtre. . . .	60,000
Fondation de l'hospice de Saint-Benoît. .	900,000
Pour quatre lits à l'Hôtel-Dieu. . . .	24,000
Fondation de dix lits pour maladies contagieuses	175,000
Fondation du dépôt de mendicité (maison de Sainte-Hélène)	649,150
Fondation pour collége et pensionnat de Chambéry	270,000
Don pour la création de la rue dite de Boigne,	300,000
— pour moderniser la façade l'hôtel-de-ville	50,000
Don à la Compagnie des chevaliers-tireurs.	25,000
Fondation de l'asile des aliénés. . . .	400,000
Don pour l'entretien d'une maîtrise. . .	130,000
— aux capucins pour leur église . . .	30,000
Fondation d'une rente pour les pompiers .	24,000
— d'une rente pour l'Académie de Savoie.	20,000
Fondation d'une rente pour secours aux prisonniers malades	24,000
Fondation d'une rente pour secours à soixante prisonniers	33,000
Fondation d'une rente pour les pauvres honteux de la ville	24,000
A reporter..........	3,238,850

Report........	3,238,850
Fondation d'une rente pour les frères des écoles chrétiennes.	3,000
Fondation d'une rente pour les sœurs de Saint-Joseph	3,000
Don, à la ville, d'une terre située près de Paris pour la valeur être appliquée à la réparation de l'hôtel-de-ville et à la régularisation de la rue Juiverie . . .	200,000
Total. . . . . Fr.	3,444,850

Voilà des légendes comme il nous plairait d'en avoir beaucoup à enregistrer.

HENRI IV

ET

LES SIENNES

Par où a passé un roi quelconque, il est rare qu'il n'ait pas laissé de souvenirs ; jugez donc de ce qu'il en doit être du passage d'Henri IV.

Ce bon roi, qui songeait avec tant de complaisance à la marmite de ses sujets, n'aurait pas mieux demandé que d'en augmenter le nombre. Et pour cela, tous les moyens lui paraissaient admissibles. A-t-il assez fait la guerre à ce pauvre duc de Savoie, histoire de devancer de 260 ans l'œuvre du traité du 4 mars ! Néanmoins, l'occupation française de la Savoie, sous l'habile administration de Sully, n'est pas sans avoir jeté de profondes racines dans le sol conquis. Disons en passant que le nom de Sully est resté attaché à ces tilleuls qui s'élèvent sur la plus vaste place du village, par ce motif sans doute que le ministre économe trouvait qu'il était inutile de construire à grands frais des maisons de commune quand il suffisait d'un arbre pour abriter les assemblées délibérantes aussi bien que le pouvoir exécutif. Les *sullys* ne sont autre chose que l'embrion des hôtels-de-ville. Quel dommage pour les finances minicipales que l'on ne s'en soit pas toujours tenu là ! Et puis, cela avait ceci de bon que les séances tenues sous un arbre étaient des séances publiques, tandis que l'idée de l'hôtel-de-ville, de la mairie, de la maison commune, implique celle du huis-clos.

Or donc, on voit à l'entrée du bourg de Beaufort un château qu'Henri IV habita par deux fois pendant la guerre qu'il fit à l'ancêtre du roi de Sardaigne. Le président de Thou dit, en parlant du prince béarnais, qu'il s'était rendu sur la montagne et s'était avancé jusqu'au pas du Cormet. Là, continue l'historien, le roi dîna sans façon à l'abri d'un rocher où il s'était mis à couvert de la neige, qui tombait en si grande abondance que bientôt il en eût eu par-dessus la tête sans sa judicieuse prévoyance.

A cette époque, les curés étaient déjà déposi-taires des registres de l'état civil, et il paraît qu'ils ne se bornaient pas à y inscrire les nais-sances, les mariages et les décès. On trouve, en effet, dans un vieux registre de la cure de Beaufort, à la date du 10 octobre 1600, cette pittoresque annotation : « Ce jour, le roi Henri « de Bourbon a été ici en grande compagnie « de princes et autres gens d'armerie ; le 11, il « est allé au Cormet, il faisait mauvais temps ; « le 12, il est parti conduisant 8,000 personnes, « ayant *fait force des siennes.* »

Ne vous semble-t-il pas que rien n'est plus naturel que les *siennes*, dès que c'est un roi qui les fait ?

Or, si l'on feuillette le même registre, on re-marque que dans le mois de juillet de l'année suivante, les naissances ont été extraordinaire-ment nombreuses.

Le type du Béarnais se retrouve encore de

nos jours dans la vallée de Beaufort, et je me suis laissé dire que plusieurs familles revendiquent hautement l'honneur de sentir courir dans leurs veines le sang du roi vaillant. Honni soit qui mal y pense !

Le château de Beaufort se trouve aujourd'hui réduit à trois tours plus ou moins dégradées, plutôt plus que moins. Elles servaient naguère encore, avant l'invention du télégraphe, à transmettre les signaux ignés qui tenaient lieu de la petite machine de Morse aussi bien que du massif appareil des frères Chappe.

LE COUVENT DES SALLIÈRES

—

C'est une grande maison blanche qui se trouve près de Châtillon, à l'entrée de la Chautagne, et qu'on aperçoit également du haut du bâteau à vapeur du Bourget ou du fond du wagon de l'ex-Victor-Emmanuel. Elle est assez vaste pour contenir un grand nombre de celliers appartenant à autant de propriétaires.

Voilà ce qu'il est aujourd'hui, cet édifice sans physionomie au-dehors mais non pas sans richesse au-dedans. Quant à ce qu'il fut, c'est plus difficile à raconter. La légende, du reste, est seule à nous renseigner à cet égard, car l'histoire se plaît à laisser perdre les documents et même les souvenirs, quand les uns et les autres choquent ses sympathies. Vous trouverez cette légende dans un des innombrables travaux que M. Bonjean a consacrés aux eaux d'Aix. Il va sans dire qu'il ne lui donne pas plus de développement que n'en comporte une brochure plus médicale qu'historique ou descriptive. Bien que cette légende ressemble trop à l'histoire d'Héro et Léandre pour ne pas être sujette à caution, il nous a paru indispensable de la consigner ici.

En conséquence,

Ecoutez la légende.

Tout le couvent était déjà couché,
(Se coucher tard est un si grand péché,
Et bon dormeur de soi se recommande).
Donc chaque sœur en sa cellule dort,
Sur l'oreiller méditant à son aise.
Nonne est d'ailleurs contente de son sort,
Confite en Dieu comme sainte Thérèse.

La mère abbesse, — on a bien dit son nom, —
Faisait le tour de son vaste domaine,
Tenant en main un maigre lumignon.
De bas en haut inspectant la maison,
Pour que tout soit rangé, que rien ne traîne,
Elle s'en va de la cave au grenier,
Et se convainct que tout est à sa place.
En furetant, on trouve bien la trace
De quelque écart du chat de l'aumônier,
Un petit coup de balai vous l'efface,
Il n'y paraît plus rien sur pallier.

Dans la maison règne un profond silence,
Quand au dehors on entendait le vent
Qui commençait à chanter en cadence
Un air lugubre aux portes du couvent.
Mais quand on a bon souper et bon gîte,
On ne va pas s'alarmer aisément ;
Que le vent chante, on s'enferme, on s'abrite,
Tant pis pour qui n'en peut pas faire autant !

— Puisque tout va pour le mieux, se dit-elle,
Retirons-nous, car le temps est bien laid.
Soufflons la lampe... Eh bien ! cette chandelle
Chez sœur Agathe... A l'abri du volet,
C'est bien vrai, mais lire à l'heure qu'il est
C'est ruiner la maison... — En colère,
Elle gravit trois à trois l'escalier.
Sans s'arrêter au sommet du pallier,
Elle entre...—Eh quoi ! c'est vous, ma bonne mère,
Dit sœur Agathe avec un air câlin...
— Oui, sœur, c'est moi qui vois de la lumière
Chez vous à l'heure où tout doit être éteint ;
A la souffler vous êtes la dernière.
— J'aime à voir clair quand je suis en prière...
— Eh bien, ma sœur, attendez au matin.
Et là-dessus notre vieille économe
Sur la chandelle avec fureur souffla...

Pendant ce temps le vent s'enfla, s'enfla,
Si bien, hélas ! qu'un excellent jeune homme,

Très fort nageur, mais trop épris en somme,
Quand il n'eut plus sa boussole, sombra.
Le lendemain, — les flots sont sans mystère, —
Sur les cailloux, auprès du monastère,
Un flot tout bleu vint qui le déposa.
On ne dit pas, mais on peut bien le croire,
Que fort longtemps sœur Agathe pleura.

Si l'on suppose à cette triste histoire
Un dénoûment, en deux mots le voilà :
Un pauvre moine a payé de sa vie
D'un vieux nonnain la sotte économie ;
Mais pour un bout de chandelle, vraiment,
Fallait-il donc supprimer un couvent ?

Cette poésie, qui n'est pas irréprochable, a été publiée par la *Savoie thermale*. Si Molière prenait son bien dans Plaute, nous prenons le nôtre... où nous l'avons mis.

L'ALESIA DE NOVALAISE

—

Il n'est personne qui puisse avoir oublié que la prise d'Alesia a décidé du triomphe des armes de César et de la conquête des Gaules. Mais où se trouvait Alesia ? Voilà encore un de ces problèmes historiques et géographiques autour desquels les savants perdent leur latin. Rossignol dit qu'Alesia occupait l'emplacement où se trouve aujourd'hui Alise - Sainte-Reine, et Quicherat prétend qu'Alaise en Franche-Comté n'est pas autre que l'ancienne, la fameuse Alesia. L'un et l'autre ne manquent pas d'arguments à l'appui de leur thèse respective. Mais il faut entendre l'un combattant les arguments de l'autre, et l'autre les preuves de l'un ; un tribunal honnête ne peut décemment, après avoir entendu les parties, faire au'rement que les débouter toutes deux. La réfutation est la plus belle partie du discours de chacun des avocats, mais la confirmation laisse tant à désirer que l'objet en litige est déclaré vacant. Dès lors, le premier voleur venu peut, sans froisser le droit de personne, s'emparer du baudet.

Et Fivel est ce voleur-là. Une étude approfondie des textes, une observation scrupuleuse des lieux, et ce tact particulier qui est au savant ce qu'est au chien la bosse de la chasse, ont démontré à notre architecte archéologue qu'Alesia n'est ni Alise--Sainte-Reine, ni Alaise, mais Novalaise.

L'Académie de Dijon a pris fait et cause pour Rossignol, celle de Besançon en a fait autant pour Quicherat, mais l'Académie de Chambéry n'use pas des procédés en faveur auprès de ses égales. Elle laisse Fivel se débattre tout seul au milieu du monde savant, qui n'est pas, on le sait, le plus facile à manier. Notre Académie se dit que, s'il y eut eu quelque chose de vrai dans l'assertion de Fivel, c'eût été l'un des siens qui l'eut découvert. De tout temps, on n'a jamais pu comprendre que le Messie vînt au monde chez un charpentier. L'abbé Ducis, ce chercheur infatigable, est si frappé de cette découverte qu'il n'est pas étonnant qu'il se refuse à y croire.

Mais à nous, il nous semble, — peut-être sommes-nous bien trop petits garçons pour que notre opinion rencontre quelque crédit, — il nous semble qu'il vaut bien la peine d'entrer dans l'arène où Dijon et Besançon n'ont pas craint de descendre.

Quel que soit le sort de l'assertion de Fivel, — qu'il est homme à lancer, à défendre, à soutenir et à faire triompher, sans qu'il soit besoin qu'un imperceptible lui prête son concours, — quel que soit le sort de cette assertion, fût-elle erronée, qu'elle n'en fournirait pas moins une occasion de dispute, de celles que les vrais savants se gardent bien de laisser échapper. Cela n'empêchera pas que la tradition locale, d'accord avec les noms de lieux qu'on rencontre à l'entour, atteste qu'il y a eu par-là quelque importante affaire. Le nom du Pont-de-Beauvoisin (*belli vicinus*), de Saint-Alban-de-Montbel (*mons belli*), etc., sont des monuments qu'on ne renverse pas aisément, et le grand camp qui a été établi dans ces parages pendant l'été de 1874 prouve qu'il y avait place autour de Novalaise pour développer pas mal de légions romaines.

Enfin, nous nous bornons à donner une place dans nos légendes à Alesia de Novalaise; nous comptons sur Fivel pour l'introduire dans l'histoire.

POST-FACE

—

Lecteurs, rendez-nous cette justice que, si nous n'avons pas fait de l'histoire, nous avons eu du moins l'honnêteté d'éviter les allures de l'historien. Nous avons même poussé si loin le scrupule que nous nous sommes interdit toute note justificative dont l'histoire est hérissée à plaisir, afin de laisser à nos récits ce parfum de naïveté qui en fait tout le charme.

Nous avons puisé à toutes les sources qui se sont rencontrées sur nos pas ; nous avouerons pourtant qu'à l'exemple de Moïse, nous nous sommes permis d'en faire jaillir quelques-unes du rocher voisin. Mais où serait le plaisir de recueillir des légendes s'il fallait les traiter comme de l'histoire ?

Enfin, si nous prononçons notre *Sat prata biberunt* lorsque nous sommes arrivé à la centième, il ne s'ensuit pas que nous suspendions nos recherches et nos travaux. Toutefois, nous croyons sage d'attendre l'accueil que le lecteur réserve à la première fournée avant de mettre le levain à la seconde.

TABLE DES MATIÈRES